KB057689

노자 도덕경과
동아시아 인문학

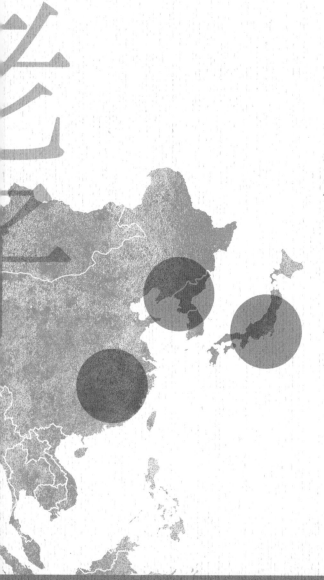

노자 도덕경과
동아시아 인문학

道德經

원광대학교 동북아시아인문사회연구소, 전주시평생학습관 기획
조성환 김현주 한승훈 박일준 지음

노자 도덕경과 동아시아 인문학

등록 1994.7.1 제1-1071
1쇄 발행 2023년 2월 28일

기   획 원광대학교 동북아시아인문사회연구소, 전주시평생학습관
지은이 조성환 김현주 한승훈 박일준
펴낸이 박길수
편집장 소경희
편   집 조영준
관   리 위현정
디자인 이주향
펴낸곳 도서출판 모시는사람들
        03147 서울시 종로구 삼일대로 457(경운동 수운회관) 1207호
전   화 02-735-7173, 02-737-7173 / 팩스 02-730-7173

인   쇄 (주)성광인쇄(031-942-4814)
배   본 문화유통북스(031-937-6100)
홈페이지 http://www.mosinsaram.com/

값은 뒤표지에 있습니다.
ISBN   979-11-6629-152-4   03100

* 이 책은 2022년에 3월~4월에 '전주시평생학습관'에서 열린 시민인문강좌
  〈노자 『도덕경』으로 다시 읽는 동북아시아〉의 강의안을 토대로 집필되었다.
* 이 저서는 2017년 대한민국 교육부와 한국연구재단의 지원을 받아 수행된
  연구임 (NRF-2017S1A6A3A02079082)

노자 도덕경과 동아시아 공생체

오늘날 동아시아는 '신냉전 시대'라고 불릴 정도로 미중 간의 갈등을 둘러싸고 긴장이 고조되고 있는 상황이다. 그뿐만 아니라 이웃 나라에 대한 시민 차원의 호감도도 점점 떨어지고 있는 추세이다. 이에 더해서 전 지구적 차원에서는 생태위기나 기후변화와 같이 인류의 생존을 위협하는 절박한 문제를 안고 있다.

이러한 동시다발적인 위기 상황을 생각하면 종래의 '동아시아 공동체' 담론은 현실성을 잃고 있는 것 같다. "새 술은 새 부대에"라는 말이 있듯이, 새로운 문제 상황에 대해서는 새로운 해결책이 요청되기 때문이다. 원광대학교 인문한국플러스(HK+)사업단 〈동북아시아인문사회연구소〉가 '공생체' 개념에 주목하는 이유가 여기에 있다. 공생체는 종래의 공동체를 대신하여, 작게는 동북아시아, 크게는 행성 지구를 인류세적 시각에서 새롭게 이해하고자 하는 인문학적 개념이다.

〈동북아시아인문사회연구소〉의 '공생체' 개념의 특징은 '공-생-체'를 각각 삼차원적으로 해석하고 있다는 점이다. 가령 '공'

에는 "公-空-共"의 세 가지 의미가 담겨 있다. 公은 인류가 공통으로 지향하는 가치를 가리키고, 空은 국민이나 국가와 같은 아이덴티티를 비워낸 '지구적 자아'를 의미하며, 共은 空의 상태에서 公을 위해 연대를 도모하는 실천을 말한다. 마찬가지로 '생'에는 "zoe(생물학적 생명)-bios(사회문화적 생명)-geos(지질학적 생명)"의 세 가지 생명 개념이, '체'에는 "집합-접합-연합"의 삼차원 네트워크의 의미가 각각 포함되어 있다.

이와 같은 '공생체' 담론을 구축하기 위한 사전 작업의 일환으로 기획한 것이 시민강좌《노자『도덕경』으로 다시 읽는 동북아시아》였다.* 원광대학교 동북아시아인문사회연구소와 전주시 평생학습관이 공동으로 기획한 이 강좌는 철학, 정치학, 종교학, 신학을 전공한 동북아시아인문사회연구소의 교수진들이,** 고대와 현대, 동아시아와 지구라는 시공간을 넘나들면서, 노자라는 인물과 『도덕경』이라는 텍스트의 매력을 일반 시민들에게 알기 쉽고 친절하게 소개하는 자리였다. 이 책은 당시의 강좌 내용을 가다듬고 보완해서 한 권의 책으로 묶은 것이다.

---

* 당시 강의는 유튜브 채널 〈평생학습도시 전주〉에서 동영상으로 시청할 수 있다.
** 한승훈 교수는 시민강좌가 끝난 후에 '한국학중앙연구원 교수'(종교학 전공)로 자리를 옮겼다.

이 자리를 빌려 이번 강좌를 개설해 주신 '전주시평생학습관'에 깊은 감사의 말씀을 드린다. 전주시가 매년 기획하고 있는 〈유쾌한인문학 - 인문고전산책〉 강좌 시리즈가 없었다면 이 책은 세상에 나오지 못했을 것이다. 어려운 여건 속에서도 지역사회의 인문학 활성화를 위해 지원과 노력을 아끼지 않는 전주시에 다시 한번 경의를 표한다.

동아시아의 수많은 고전 중에서 특별히 『도덕경』을 택한 이유는 동아시아 삼국이 거부감 없이 받아들일 수 있는 메시지를 말하고 있으면서, 오늘날 인류가 직면한 지구적 위기에 대한 통찰을 담고 있기 때문이다. 독자들은 이 책을 통해서 노자라는 철학자와 『도덕경』이라는 고전이, 지난 2천여 년 동안 동아시아에서 철학, 종교, 신학을 넘나들면서 어떻게 해석되고, 어떤 영향력을 끼쳤는지, 그리고 그것이 담고 있는 미래적 의미는 무엇인지를 확인할 수 있으리라 생각한다.

끝으로 이 강좌와 단행본을 공동으로 기획해 주신 전주시 평생학습관의 권인숙 관장님, 그리고 바쁜 일정 속에서도 강연 내용을 알기 쉬운 원고로 옮겨 주신 집필자 선생님들, 마지막으로 어려운 여건 속에서도 흔쾌히 출판을 허락해 주신 도서출판 모시는사람들의 박길수 대표님께 감사드린다.

2023년 새해를 맞으면서 저자를 대신하여 조성환 씀

노자 도덕경과 동아시아 인문학

제2부 _ 노자, 동아시아와 만나다

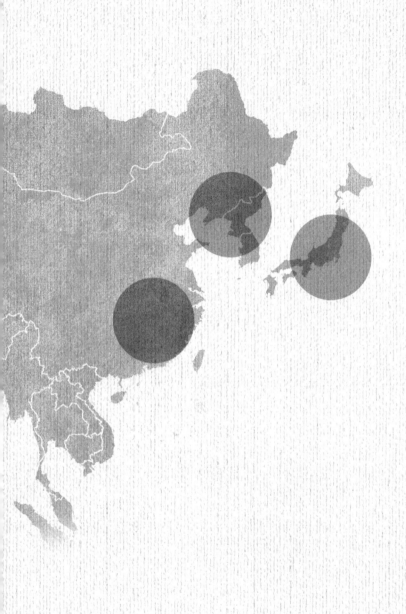

제 1 부

———

도덕경의 철학적 해석

01

인간의
조건으로서의 자연

조성환

1. 도와 덕: 길과 힘

노자(老子)는 고대 중국의 철학자로, 공자(孔子)와 동시대 인물로 알려져 있다. 노자와 공자가 살던 시대는 지금부터 약 2,500년 전인 '춘추시대'라고 불리는 혼란기였다(기원전 770년~기원전 403년). 이 시기는 중국 역사에서는 주(周)나라 말기에 해당하고, 세계사적으로는 소크라테스나 붓다가 태어난 이른바 축의 시대(axial age)이다. 역사적으로 언제나 말기가 되면 사회가 혼란스럽듯이, 이 시기도 전통적인 지배 체제가 흔들리고 새로운 질서를 모색하는 과도기였다. 그 새로운 질서를 노자는 '도(道)'라고 하였다. 도란 '길'이라는 뜻이다. 그래서 노자가 말하는 도는 '새 길'로 풀이될 수 있다.

도는 중국어로는 dao(따오)라고 발음하고, 영어로는 way나 course로 번역한다. way에는 길(路)이라는 뜻 이외에도 '방법'이라는 의미가 있다. 마찬가지로 도(道)에도 방법이라는 의미가 있다. 노자는 세상을 다스리는 방법을 도라고 하였다. 풀어서 말하면 '치도(治道)'라고 한다. course는 '운행'이나 '과정'이라는 뜻이다. 우리말로 '자동차 주행 코스'(course)라고 하거나 "영어회화 코스(course)를 밟다"라고 할 때의 코스가 이런 의미에 해당한다.

도(道)는 간혹 동사로 쓰일 때도 있는데, 이때는 導(도)와 같은 의미가 된다. 導(도)는 '인도하다', '안내하다'는 뜻으로, 영어로는 guide나 lead 등으로 번역된다. 이 외에도 드물게 '말하다'는 뜻으로 쓰이는 경우도 있다. 노자가 남겼다고 하는 『도덕경』의 첫머리에 나오는 도가 그런 용례에 해당한다.

한편 도(道)와 짝이 되는 개념은 덕(德)이다. 도가 길이라면 덕은 힘이다. 그래서 덕은 직역하면 virtue가 되지만, power라고도 영역된다. 중국어로는 de(떠)라고 발음한다. 도(道)를 일상 언어로 바꾸면 로(路)나 도(導)가 되듯이, 덕(德)도 득(得)으로 바꿀 수 있다. 득(得)은 '얻는다'는 뜻이다. 뭔가를 얻어서 힘으로 작용하는 것이 덕이다.

가령 내가 오랫동안 합기도라는 도(길)를 연마했다고 하면 나는 나를 호신할 수 있는 덕(힘)을 얻게 된다. 여기에서 합기도의 도는 길에 해당하고, 그 길을 간 결과로서 나에게 습득되는 호신술이나 체력 등은 내 안에 쌓인 덕이 된다. 비슷하게 내가 영어회화라는 코스워크(과정)를 오랫동안 밟으면 내 안에는 영어를 말할 수 있는 힘, 즉 덕이 쌓이게 된다.

노자가 말하는 도덕(道德)은 이러한 의미이다. 우리는 흔히 '도덕'이라고 하면 꼰대나 규범과 같은 딱딱한 이미지를 떠올린다. 그러나 노자가 말하는 도덕을 이해하기 위해서는 이러한 고정관념을 버려야 한다. 즉 도덕을 moral을 지칭하는 단일한 개념으로 받아들이는 것이 아니라, 길과 힘을 의미하는 도와 덕으로 쪼개서 이해해야 한다. 한자는 기본적으로 한 글자가 한 단어이기 때문이다. 동아시아 고전에 나오는 개념들은 대개 이러하다. 150년 전에 서양어를 번역하는 과정에서 지금과 같은 의미로 변질되었을 뿐이다.

노자가 썼다고 전해지는 『도덕경』은 "도와 덕을 말한 핵심 문헌"이라는 뜻이다. 그런데 이 책 제목은 노자 자신이 붙인 것이 아니라 노자 사후 약 500여 년 뒤에 붙여진 것이다. 사실 노자라는 인물 자체도 신비적이다. 그래서 어떤 학자들은 노자는 가상의 인물일 뿐이라고 말한다. 혹은 노자라는 전설적인 인물의 이름을 빌려서 저자라고 내세운 것이 『도덕경』이라고도 한다. 어쨌든 '도덕경'이라는 제목이 붙은 이상 노자라는 모종의 인물은, 혹은 노자라는 이름을 빌린 일군의 사상가들은, 도와 덕에 관해서 많은 말을 했음을 알 수 있다.

그렇다면 노자는 도와 덕에 대해서 무슨 말을 했을까? 지금 우리가 꼰대라고 생각하는 것과 같은 고리타분한 도덕을 말했을까? 아니면 그것과는 다른 파격적인 도덕을 제안했을까? 그 답은 『도덕경』의 맨 첫머리를 보면 알 수 있다.

2. 가도와 상도: 도는 이름이 아니다

『도덕경』의 첫머리는 "道可道(도가도) 非常道(비상도)"라는 여섯 글자로 시작된다. 글자는 간단한데 번역은 쉽지 않다. 무엇보다도 도라는 말이 세 번이나 반복되기 때문이다. 문장의 반이 도라는 글자로만 되어 있다. 노자가 『도덕경』이라 불리는 이유이기도 하다.

세 개의 도 중에서 첫 번째와 세 번째 도는 흔히 나오는 '길'이라는 뜻이다. 반면에 두 번째 도는 가(可)라는 조동사 뒤에 나오므로 동사임을 알 수 있다. 가(可)는 허가나 가능을 나타내는 조동사인데, 조동사 뒤에는 본동사가 와야 하기 때문이다. 그래서 두 번째 '도'는 "인도하다", "말하다"라는 뜻이 된다. 이 문장에서는 보통 "도라고 말하다"로 번역된다.

단어	道(1)	可	道(2)	非	常	道(3)
품사	명사	조동사	동사	부정사	형용사	명사

그래서 道可道(도가도)는 "도가 도라고 말할 수 있다"로 번역된다. 앞의 도는 주어이고, 뒤의 도는 동사이다. 또는 "도를 도라고 말할 수 있다"로 번역하기도 한다. 앞의 도를 뒤의 도의 목적어로 볼 수도 있기 때문이다. 이 경우에는 강조의 도치 구문이 된다.

이어지는 非常道(비상도)에서 非(비)는 명사나 문장을 부정하는 말이다. 그래서 非常道(비상도)는 "常道(상도)가 아니다"는 뜻이 된다. 常道(상도)에서 常(상)은 道(도)를 수식하는 말로, '항상'이나 '상록수'라고 할 때의 常(상)이다. 상록수가 '늘 푸른 나무'라는 뜻이듯이, 常(상)은 '항상 그렇다'는 의미이다. 풀어쓰면 "늘 그런 상태를 유지한다"가 된다. 현대적으로 말하면 "지속가능하다"는 의미도 된다. 그래서 비상도(非常道)는 "늘 그런 도가 아니다", "지속가능한 도가 아니다" 정도로 번역될 수 있다.

단어	道	可	道	非	常	道
품사	주어	조동사	동사	부정사	형용사	보어
뜻	도/길	할 수 있다	말하다	아니다	늘 그러한	도/길
풀이	도/길	말할 수 있다		아니다	늘 그러한 도/길	

오늘날 우리가 겪고 있는 기후변화는 지구가 늘 그런 상태[常道]를 유지하지 못하고 비상(非常) 상황을 연출하고 있는 형국이다. 그래서 기후 '변동'이라고도 하고 기후 '위기'라고도 한다. 이런 것이 '비상도'이다. 팬데믹 식으로 말하면 뉴노멀이라고도 할수 있다. 그래서 노자 식으로 말하면 지금 우리는 비상도의 시대에 살고 있다. 왜 이렇게 되었을까? 이 문제는 뒤에 가서 깊이 생각해 보기로 하자.

다시 『도덕경』으로 돌아오면, '도가도'는 "도가 도라고 말할 수있다"는 뜻이고, '비상도'는 "늘 그러한 도가 아니다"는 뜻이다. 문제는 양자의 연결 방식이다. 고전 한문에는 문장과 문장을 연결하는 접속사가 발달하지 않았다. 그래서 앞뒤 문맥을 보고 번역자가 알아서 보충해야 한다. 그런데 앞 문장에서 '할 수 있다(可)'가 나오고, 뒷 문장에서 '아니다(非)'라는 부정어가 나오면 대개는 〈조건절〉 구문이다. 그런 예를 하나 들면 다음과 같다.

『도덕경』과 비슷한 시기에 성립한 유교 경전인 『중용』 제1장에 "可離(가리) 非道也(비도야)"라는 문장이 있다. 앞에는 可(가)라는 조동사가 나오고 뒤에는 非(비)라는 부정어가 나온다. 그래서 "道可道(도가도) 非常道(비상도)"와 문장 구조가 거의 같다. 可離(가리) 앞에 道(도)라는 주어가 생략됐다고 보고 보충하면, 道可離(도가리) 非道也(비도야)가 되어 더욱 비슷해진다(也(야)는 평서형

종결어미를 만드는 어조사이다.

『도덕경』 1장	道	可	道	非	常	道	
『중용』 1장	(道)	可	離	非		道	也

　각각의 구절을 해석해 보면, 可離(가리)는 "떠날 수 있다"는 뜻이고, 非道也(비도야)는 "도가 아니다"라는 말이다.

可離(가리)	非道也(비도야)
떠날 수 있다	도가 아니다

　그렇다면 양자를 어떻게 연결할 수 있을까? 그 힌트는 바로 다음 문장에 나온다. "可離(가리) 非道也(비도야)" 앞에는 이런 문장이 나온다; "도라는 것은 잠시도 떠날 수 없다."(道也者, 不可須臾離也)

道也者(도야자), 不可須臾離也(불가수유리야)	可離(가리) 非道也(비도야)
도라는 것은 잠시도 떠날 수 없다	떠날 수 있다 도가 아니다

　따라서 앞뒤 문맥을 고려해서 "떠날 수 있다"와 "도가 아니다"를 연결하면 다음과 같이 된다.
　도라는 것은 잠시도 떠날 수 없다. 떠날 수 〈있다면〉 도가 아니다. 즉 도라는 것은 언제나 예외 없이 지켜야 한다는 뜻이다.

道也者, 不可須臾離也. (도야자, 불가수유리야.)	可離, 非道也. (가리, 비도야.)
도라는 것은 잠시도 떠날 수 없다	떠날 수 있다면 도가 아니다

"可離(가리) 非道也(비도야)"의 맨 앞에 道(도)를 추가해서 번역하면 "도가 (나에게서) 떠날 수 있다면(道可離) 도가 아니다(非道也)"가 된다. 『도덕경』 제1장 식으로 바꾸면, "道可離(도가리) 非常道(비상도)"가 된다. 번역은 "도가 (나에게서) 떠날 수 있다면 늘 그러한 도가 아니다"가 된다.

道可離(도가리), 非常道(비상도)

도가 (나에게서) 떠날 수 있다면 늘 그러한 도가 아니다.

그렇다면 『도덕경』 제1장의 "도가도 비상도"도 다음과 같이 번역할 수 있다.

道可道(도가도), 非常道(비상도)

도가 (도라고) 말할 수 있다면 늘 그러한 도가 아니다.

번역은 이것으로 해결됐다. 문제는 의미이다. 왜 "도라고 말할 수 있다면" 늘 그러한 도, 지속가능한 도가 되지 못한다는 것일까? 여기에서는 이 문제를 〈언어와 세계〉, 〈인식과 가치〉의 차원으로 나눠서 생각해 보고자 한다.

1) 언어와 세계

『도덕경』의 첫머리는 "道可道(도가도) 非常道(비상도)"에 이어서 "名可名(명가명) 非常名(비상명)"이라고 하는 동일한 구조의 문장이 이어진다. 번역은 "이름이 이름 지을 수 있다면 늘 그러한 이름이 아니다," 또는 "이름을 이름이라고 할 수 있으면 늘 그러한 이름이 아니다" 정도가 된다. 도가도 비상도의 두 번째 도를 '말하다'라고 번역하는 이유도 여기에 있다. 바로 다음에 이어지는 문장에서 이름(名)이라고 하는 언어 문제가 제기되고 있기 때문이다.

그렇다면 이름은 철학적으로 어떤 의미가 있을까? 이 문제부터 생각한 다음에, 도가도 비상도의 의미를 살펴보기로 하자.

우선 이름이 없으면 뭔가를 지칭하기 어려울 것이다. 그래서 이름은 일차적으로 지시 기능을 한다. 그런데 노자는 여기에서 한 발 더 들어간다. 노자가 보기에 이름은 지시와 동시에 〈한정〉의 기능도 있다. 즉 뭔가를 구분 짓고 제한하고 고정시키는 것이 이름이다. 사실 이름뿐만 아니라 모든 개념이 다 그렇다. 개념이란 이것과 저것을 구분하고, 이것을 이것이라고 확정하는 역할을 하기 때문이다.

그래서 『도덕경』의 해석가로 저명한 위진 시대의 왕필(王弼, 3세기)은 「노자지략」(老子指略)에서 다음과 같이 말하였다.

> '이름'이란 저것을 확정하는 것이다. (名也者, 定彼者也)*

즉 이름이란 이것을 저것과 구분하고(分) 확정하고(定) 제한하는(限) 기능을 한다는 것이다. 그렇다면 언제 어디서나 두루 통할 수 있는 이름이 과연 가능할지 의문이 든다. 그래서 노자는 어떤 이름이든지 그것은 상명(常名), 즉 '늘 그러한 이름'이 될 수 없다고 말한 것이다. 여기서 "늘 그러한 이름이 될 수 없다"는 말은 어떤 상황에서는 이름이 이름의 역할을 하지 못한다는 뜻이다. 즉 특정 상황에서는 이름의 기능을 하지만, 다른 상황에서는 제 기능을 못하게 된다. 쉽게 예를 들어 보면, 우리가 회사에서 쓰는 직책명을 가정에서도 그대로 쓸 수는 없다. 가정에 가면 '엄마'나

---

* 원문은 노자 지음, 김학목 옮김, 『노자 도덕경과 왕필의 주』(홍익출판사, 2019), 308쪽 참조.

'아빠'처럼 호칭이 달라지기 때문이다. 이처럼 이름은 상황에 따라 〈변하기〉 마련이다. 그리고 어느 하나로 고정되어 있는 것도 아니다. 또 다른 예를 들면, 우리가 어렸을 때 알고 지내던 친구의 이름을 들으면, 그 친구의 어릴 적 모습이 떠오를 것이다. 그런데 그 이미지를 수십 년 뒤에도 똑같이 적용할 수는 없다. 왜냐하면 그 사이에 수많은 〈변화〉가 있었기 때문이다. 사람은 같지만 시간이 지남에 따라 달라진 것이다. 그렇다면 이 사람은 같은 사람인가 다른 사람인가? 아니면 같으면서 다른 사람인가?

여기에는 '같다', '다르다'고 할 때의 언어 문제가 관련되어 있다. 이 같음(同)과 다름(異) 개념은 동아시아 철학에서 중요한 주제 중의 하나이다. 가령 신라 시대의 원효는 같음과 다름에 대해서 다음과 같이 말한 적이 있다.

'같다'고 할 수 없는 것은 '같으면서 다르기' 때문이고

(不能同者, 卽同而異也),

'다르다'고 할 수 없는 것은 '다르면서 같기' 때문이다

(不能異者, 卽異而同也).*

---

* 『금강삼매경론(中)』. 원문과 번역은 〈불교기록문화유산아카이브〉 싸이트에서 확인할 수 있다. https://kabc.dongguk.edu/content/view?dataId=ABC_BJ_H0017_T_002

이 세상에 그 어느 것도 완전히 같은 것은 없다. 조금씩은 다른 점이 있기 때문이다. 그런데 우리는 '같다'(同)는 말을 곧잘 쓰곤 한다. 그렇다면 이 '같다'를 어떻게 이해해야 할까? 원효가 보기에 그것은 "다름(異)을 포함하는 같음(同)"이다. 그래서 "다르면서 같다"고 말한 것이다. 그런데 우리는 '같다'는 말을 쓸 때 이런 사실을 종종 망각한다. 그래서 완전히 같다고 착각할 경우도 있다. 그 결과 다양한 차이들이 무시되거나 망각된다.

'다름'의 경우도 마찬가지다. "이것과 저것이 다르다"고 할 때 같은 점은 전혀 없을까? 여성과 남성은 다르지만 인간이라는 점에서는 같다. 인간과 동물은 다르지만 생물이라는 점에서는 같다. 생물과 무생물은 다르지만 지구상에 사는 존재라는 점에서는 같다. 이런 식으로 생각해 보면 이 세상에 전적으로 다른 것은 하나도 없다. 어떤 경우에도 유사점이나 공통점을 찾을 수 있기 때문이다. 그래서 다름도 같음을 함장하고 있는 다름이 된다. 그래서 원효는 "같으면서 다르다고 한 것이다."

이처럼 언어란 서로 분리될 수 없는 실체와 현상을 분리시키거나 실재의 속성 일부를 사장시켜 버리는 기능을 한다. '같다'고 할 때에는, '같지 않은' 점도 있는데 그중에서 같은 부분만 따로 떼어서 같다고 하기 때문이다. 여기에서 같음과 다름은 분리되고, 같은 부분은 사장되고 만다. 마찬가지로 '다르다'고 할 때에도 같은 점들이 있는데, 그중에서 다른 부분만 따로 떼어서 '다르다'고 말한다.

이것이 언어의 속성이자 한계이다. 뭔가를 제한하지 않고서는 언어 사용이 불가능하다. 아마도 노자는 "명가명(名可名) 비상명(非常名)"이라는 문장을 통해서 이런 점을 지적하고 싶었을 것이다.

원효의 동이(同異)와 비슷한 사례는 『도덕경』에서도 찾을 수 있다. 『도덕경』 제2장에는 다음과 같은 말이 나온다.

> 有無相生(유무상생) 있음과 없음은 서로를 낳는다.
> 難易相成(난이상성) 어려움과 쉬움은 서로를 이룬다.
> 長短相較(장단상교) 길고 짧음은 서로를 견준다.
> 高下相傾(고하상경) 높고 낮음은 서로를 기울인다.
> 音聲相和(음성상화) 음과 소리는 서로 조화된다.
> 前後相隨(전후상수) 앞과 뒤는 서로 따른다.

여기에서 유무(有無), 난이(難易), 장단(長短), 고하(高下), 음성(音聲), 전후(前後)는 모두 짝이 되는 개념들이다. 그런 점에서 앞에서 원효가 예로 든 동이(同異)와 비슷하다. 그런데 이 짝 개념들의 특징은 단독으로는 성립하지 않는다는 것이다. 가령 '길다'는

'짧다'는 개념을 전제로 하지 않고서는 사용할 수 없다. 짧은 것과 비교해야 길다고 말할 수 있기 때문이다. 어려움과 쉬움, 높고 낮음, 있음과 없음 등도 모두 마찬가지다. 동이(同異)도 이러한 경우라고 볼 수 있다.

이렇게 보면 개념이라는 것은 상호의존적이고 상대적임을 알 수 있다. 반대 개념과 비교하고 견주어야 비로소 자신의 의미를 드러낼 수 있기 때문이다. 이 역시 개념의 한계를 지적한 것이다. 다만 노자가 상반되는 개념이 어우러져서 하나의 완전한 의미를 이룬다는 점을 강조했다면, 원효는 그것들이 서로 상즉(相卽) 관계, 즉 스며드는 관계에 있다고 말한 점이 다르다. 원효는 같음 속에도 다름이 있다는 사실을 지적하였고, 노자는 같음은 다름과 견줄 때 그 의미가 발생한다는 점을 말하였다.

노자 이후에 중국에서도 원효와 유사한 사상이 전개되었다. "음(陰) 속에 양(陽)이 있고 양(陽) 속에 음(陰)이 있다"는 이른바 음양사상이다. 어쨌든 노자나 원효의 입장에서 보면 개념이나 언어라는 것은 그 자체로 완전한 것은 아니고, 어디까지나 현상이나 실재를 서술하는 방편일 뿐이다. 이것이 '비상명'(非常名)의 의미이다.

그런데 언어가 뭔가를 제한하고 한정하는 것을 한계라고 말한다고 해서 그것이 무용하거나 무의미하다는 뜻은 아니다. 우리는 언어를 통해서 세계를 생각하고, 그것을 표현하여 내 뜻을 전달한다. 그래서 인간 생활에서 언어는 빼놓을 수 없는 도구이다. 다만 그것에 한계가 있다는 점을 알고 쓰자는 것이다. 언어로 표현될 수 없는 언어 너머의 세계가 분명 존재하기 때문이다.

이런 식으로 "명가명 비상명"의 의미를 이해하면, 번역도 약간 달라질 수 있다. 즉 앞에서와 같이 "이름이 (그것으로) 이름 지을 수 있다⟨면⟩ (그 이름은) 늘 그러한 이름이 아니다"라는 식으로 조건절 문장으로 번역하는 것이 아니라, "이름은 (그 이름으로) 이름 지을 수 있지⟨만⟩ (그 이름은) 늘 그러한 이름은 아니다"라는 식의 양보절 문장으로 번역하는 것이다. 달리 말하면 "언어는 항상 가명(可名)일 뿐 상명(常名)은 될 수 없다"는 뜻으로 독해하는 것이다.

그렇다면 "도가도 비상도"도 이런 식으로 번역할 수 있다; "도는 도라고 말할 수는 있지⟨만⟩ (그것은) 늘 그러한 도는 아니다." 달리 말하면, "도는 도(道)라고 말할 수는 있다. ⟨다만⟩ 그것은 상도(常道)일 수는 없다."로 읽는 것이다. 여기에서는 앞선 해석과는 달리, 말할 수 있는 가도(可道)의 존재성도 긍정된다. "다만 그것이 상도(常道)일 수는 없다"는 한계는 여전히 강조되고 있다.

이러한 입장은 왕필의 해석에서 찾아볼 수 있다. 왕필은 『도덕경』 제1장의 첫 구절을 다음과 같이 해설한다.

"도라고 말할 수 있는 도"(可道之道)와 "이름이라고 말할 수 있는 이름"(可名之名)은 사태를 가리키고 형체를 만드는 것이어서, 늘 그러한 것은 아니다. 그래서 도라고 할 수 없고 이름이라고 할 수 없다.

(可道之道, 可名之名, 指事造形, 非其常也. 故不可道, 不可名也.)

여기에서 可道之道(가도지도)와 可名之名(가명지명)은 각각 "도라고 말할 수 있는 도"와 "이름이라고 말할 수 있는 이름"이라는 뜻이다. 따라서 왕필은 可道(가도)와 可名(가명)도 하나의 도(道)이자 명(名)으로 인정했다고 볼 수 있다. 하지만 동시에 이것들은 특정한 사태나 형체를 가리킨다는 점에서 제한적일 수밖에 없다고 한계를 지적한다. 그래서 常道(상도)와 常名(상명)은 될 수 없다고 끝맺는다.

그렇다면 가도(可道)는 무엇을 말하는가? 그것은 이름이나 언어와 어떤 관계가 있는가? 앞에서 도는 '세상을 다스리는 방법'을 가리킨다고 하였다. 그렇다면 가도(可道)는 그 방법이 일련의 개념들로 체계화된 것을 가리킬 것이다. 후대의 용어로 말하면 명교(名教)이다. '명교'는 유교를 가리키는 한대(漢代) 이후의 개념으로, "성인의 말씀을 바탕으로 한 가르침"이라는 의미이다. 그런데 노자가 보기에 그것은 완전하지 않다. 개념 자체가 완전하지 않고, 세상은 언제나 변하기 때문이다. 그래서 고정된 개념으로 변하는 현실을 담아낼 수는 없다. 그렇다면 어떻게 해야 하는가? 개념으로 실재를 표현하는 행위를 포기해야 하는가?

왕필의 해석을 참고하면, 가도(可道)의 한계를 자각하고 가도(可道)를 사용하는 수밖에 없다. 또는 그것을 늘 새롭게 바꿔나가는 것이다. 만약에 가도(可道)를 영원한 상도(常道)라고 착각한다면, 즉 언제 어디서나 통용되는 '닫힌 진리 체계'라고 고집한다면, 그것은 더 이상 상도(常道)가 될 수 없다. 노자가 보기에 이 세상에 어떤 진리도 유일하고 완벽한 것은 없기 때문이다.

이와 같은 인식, 즉 개념이나 언어의 한정적 역할은 왕필 이전부터 이미 지적되고 있었다. 대표적인 예가 전국시대 말기의 법가(法家) 사상가로 알려진 한비자(韓非子)이다. 한비자는 『도덕경』에서 제기하는 유무나 장단과 같은 짝 개념을 '리(理)'라는 철학용어로 설명하였다. 사실 한비자도 왕필 못지않은 『도덕경』의 해석자였다. 다만 왕필이 『도덕경』 전체를 해석한 반면, 한비자는 『도덕경』의 일부만 해석했다는 점이 다르다. 그래서 한비자의 해석은 일부 전문가들 사이에서만 제한적으로 알려져 있다.

『한비자』의 『도덕경』 해석은 제20편 「해로(解老)」와 제21편 「유로(喩老)」 편에 나와 있다. 「해로」의 『도덕경』 해석 일부를 소개하면 다음과 같다.

도라는 것은 만물의 그러한 바이다.

(道者, 萬物之所然也.)

무릇 '리'라는 것은 방원과 장단과 추미와 견취의 구분[分]이다.

(凡理者, 方圓 · 短長 · 麤靡 · 堅脆之分也.)

여기에서 방원 · 단장 · 추미 · 견취의 의미는 다음과 같다.

- 방원(方圓): 네모나고 둥긂. 가령 '천원지방(天圓地方)'이라고 하면 "하늘은 둥글고 땅은 네모나다"는 뜻이다.
- 단장(短長): 짧고 긺. 보통은 '장단(長短)'이라고 한다.
- 추미(麤靡): 거칠고 세밀함. 보통은 정추(精麤)나 정조(精粗)라고 한다.
- 견취(堅脆): 단단하고 취약함.

따라서 위의 두 문장을 의역하면 다음과 같이 된다.

도(道)란 만물이 원래 그러한 상태를 말한다.

리(理)란 네모나고 둥근 것, 짧고 긴 것, 거칠고 세련된 것, 단단하고 무른 것 등을 구분한 것이다.

여기에서 도와 리가 대비되어 사용되는 점이 주목할 만하다. 도가 원재료로서의 세계 전체라고 한다면, 리는 그것을 서로 상반되는 두 개의 범주로 나누는 행위를 말한다. 원래 리(理)는 옥(玉)이나 피부의 결을 가리키는 말이다. 또는 그 결대로 자르는 행위도 리(理)라고 한다. 가령 '이발(理髮)'이라고 하면 "모발(머리카락)을 자르다(理)"는 뜻이다. 다만 리에는 "타고난 결대로 자른다"는 속뜻이 들어 있다. 이것이 나중에는 추상화되어 오늘날 우리가 사용하는 도리(道理)나 물리(物理), 심리(心理)나 이치(理致)와 같은 개념으로 발전되었다. 또한 고전에서는 '다스리다'는 동사로 사용되기도 하였다. 가령 "나라를 다스린다"는 의미의 치국(治國)은, 경우에 따라서는 이국(理國)이라는 말로 치환되었다.

한비자에 의하면 언어란 우리가 알 수 있는 두 범주로 자르는 행위이다. 그것을 리라고 한다. 또는 그 잘린 결과물을 리라고 하기도 한다.* 가령 심리(心理)나 물리(物理)라고 하면, 이 세상을 마음과 물질이라는 두 측면으로 나누어서[理] 보겠다는 관점을 나타낸다. 그런데 노자가 보기에 이것은 하나의 뿌리에서 나온

---

* 이상의 리(理) 개념에 대해서는 Brook Ziporyn, *Beyond Oneness and Difference - Li and Coherence in Chinese Buddhist Thought and Its Antecedents*, Albany: State University of New York Press, 2013, pp. 26-30, 125-131을 참조하였다.

두 측면이다. 다만 인간이 편의상 나누어서 보고 있을 뿐이다. 그래야 이해[理]가 되기 때문이다. 이것이 이른바 문명(文明)이라는 것이다.

그래서 『도덕경』에서는 "도가도 비상도; 명가명 비상명"에 이어서 다음과 같은 문장이 나온다.

1	道可道, 非常道(도가도, 비상도)	도를 도라고 할 수 있으면 늘 그러한 도가 아니고,
2	名可名, 非常名(명가명, 비상명)	이름을 이름이라고 할 수 있으면 늘 그러한 이름이 아니다.
3	無名, 天地之始(무명, 천지지시)	이름이 없는 것은 천지의 시작이다.
4	有名, 萬物之母(유명, 만물지모)	이름이 있는 것은 만물의 어미이다.
5	故常無欲以觀其妙(고상무욕이관기묘)	그러므로 항상 하고자 함이 없음으로써 그 묘함을 보고,
6	常有欲以觀其徼(상유욕이관기요)	하고자 함이 있음으로써 그 주변을 본다.
7	此兩者同, 出而異名(차양자동, 출이이명)	이 두 가지는 원래 같은데, 나오면서 이름이 달라졌다.
8	同謂之玄 (동위지현)	이 같음을 '가물하다[玄]'고 한다.
9	玄之又玄, 衆妙之門(현지우현, 중묘지문)	가물하고 또 가물하니, 모든 묘함이 여기에서 나오고 있다.

이것이 『도덕경』 1장의 전문이다. 여기에서 7과 8의 同(동)은, 한비자 식으로 말하면 방원(方圓)이나 장단(長短) 등으로 잘리기 이전의 상태를 말한다. 그리고 6의 徼(요)는 잘려진 결과를 말한다. 6의 유욕(有欲)은 자르고 구분해서 보려는 태도를 말하고, 5의 무욕(無欲)은 자르지 않고 통째로 보려는 자세를 말한다. 통째

로 보면 도(道)의 오묘함[妙]을 보고, 나누어진 결과만 보면 리(理)라는 껍데기[徼]만 본다는 것이다. 이 관계를 표로 정리하면 다음과 같다.

道	同	常道	常名	無欲	妙
理	分	可道	可名	有欲	徼

우리가 언어를 쓰면서 산다는 것은 가도(可道)의 세계에 산다는 것을 의미한다. 사실 문명 생활이라는 것이 다 그렇다. 과학이라는 학문도 숫자나 기호로 세상을 구획하고 정리해서 보는 활동이다. 그러나 노자는 그것이 전부가 아니라고 말한다. 가도(可道)로 구분되기 이전의 상도(常道), 달리 말하면 리(理)로 잘려지기 이전의 도(道)의 세계도 존재한다는 점을 잊지 말라고 충고한다.

2) 인식과 가치

사실 도는 노자만 말했던 것이 아니다. 공자도 도를 말하였고 한비자도 도를 말하였다. 당시의 도는 이름들의 세계, 즉 개념들로 이루어진 하나의 체계를 가리킨다. 철학적으로 말하면 "개념들로 이루어진 가치체계이자 문화체계"라고 할 수 있다. 가령 유학에서 도(道)는 예(禮)나 오륜(五倫) 등으로 이루어진 규범체계를 말한다. 사람들이 이러한 도의 규범체계에 따르면 세상이 질서

지워지고 평화로워진다는 것이 유학의 신념이다.

그래서 서양에서는 도를 'guiding discourse'라고 번역하기도 한다. 사람들을 인도하는 일종의 '지배 담론'이라는 것이다. 더 쉽게 말하면 '주의'나 '이념'이라고 이해해도 좋다. 민주주의, 공산주의라고 할 때의 주의가 노자가 말하는 "말할 수 있는 도"(可道)이다. 따라서 "도가도 비상도"를 어느 쪽으로 해석하건, 노자의 입장에서는, 말할 수 있는 도(=可道)가 늘 그러한 도(=常道)는 될 수 없다. 그 이유는 그것이 개념이라고 하는 제한적 도구로 이루어져 있기 때문이다.

앞에서 살펴보았듯이 개념은 서로 상반되는 가치에 의존해 있을 뿐만 아니라, 그것이 의존하는 상반되는 가치를 분리시키는 기능도 한다. 뿐만 아니라 개념은 시시각각 변하는 현상을 고정시키는 기능도 한다. 그래야 인식이 성립하기 때문이다. 대신 시시각각 변하는 현실을 담을 수는 없다. 이것도 언어의 한계이다. 그래서 노자를 이은 장자(莊子)는 "경전은 성인의 발자국이다"고 하였다.

무릇 육경이란 선왕이 남긴 해묵은 발자국이다.

(夫六經, 先王之陳迹也. 『장자』「천운(天運)」)

여기에서 발이 현실이라면 발자국은 그것이 남긴 흔적(跡)이다. 성인의 말씀은 당시의 현실에 대한 해결책으로 제시된 것인데, 시간이 지나면 해결책도 달라져야 한다. 과거의 해결책으로 지금의 문제에 대응하려 하면 맞지 않기 때문이다. 그래서 장자는 "성인의 말씀은 옛사람의 찌꺼기(糟魄)일 뿐"이라고 하였다 (『장자』「천도(天道)」).

이처럼 언어는 실재를 담아내기에는 태생적인 한계가 있다. 따라서 언어로 이루어진 가치체계도 불완전할 수밖에 없다는 것이 노자의 생각이다. 그런데 사실은 언어뿐만 아니라 인식도 마찬가지다. 왜냐하면 우리의 인식은 대부분 언어에 의해서 형성되기 때문이다. 그래서 노자는 제2장에서 안다(知)고 하는 인식의 문제를 언급한다.

『도덕경』 제2장의 첫머리는 다음과 같은 문장으로 시작된다.

> 세상 사람들은 모두 〈아름다움(美)이 아름다움이다〉라고 아는데, 그것은 추함(惡)일 뿐이다.
> 세상 사람들은 모두 〈좋음(善)이 좋음이다〉라고 아는데, 그것은 좋지 않음(不善)일 뿐이다.

이 문장은 해석자마다 번역이 약간씩 다른, 논란이 많은 구절이다. 특히 "아름다움이 아름다움이라고 안다"와 "좋음이 좋음이라고 안다"의 의미가 문제가 된다. 가장 쉽게 생각할 수 있는 해석은 "세상 사람들은 '좋은 게 좋은 거지'"라고 무비판적으로 생각한다는 것이다. 즉 아름다움이나 좋음에 대한 철학적·반성적 사고를 하지 않은 채, 그냥 세상에서 좋다고 생각하는 것, 아름답다고 생각하는 것을 무비판적으로 추종하고 따라간다는 것이다.

그런데 이 단락 뒤에 이어지는 구절이 앞 절에서 살펴본 "장단상교"(長短相較; 길고 짧은 것은 서로 견주어서 생기는 개념이다)나 "고하상경"(高下相傾; 높고 낮은 것은 서로 비교해서 생기는 개념이다)이다. 이 점을 감안하면 위의 단락은 다음과 같이 이해될 수 있다; '아름다움이나 좋음은 추함이나 좋지 않음과 같은 상대적 가치와 비교할 때 비로소 생기는 개념이다. 다시 말하면 추함이 있기에 아름다움이 있고, 좋지 않음이 있기에 좋음이 있다. 그런데 사람들은 아름다움이 아름다움 자체로 성립한다고 잘못 알고 있다.'

노자가 보기에 아름다움은 아름다움 자체만으로는 성립할 수 없다. 마치 '짧다'와 대비될 때 비로소 '길다'의 의미가 성립하듯이, 아름다움도 추함과 대비되어야 비로소 그 개념이 성립할 수 있기 때문이다. 그런데 문제는 여기에서 끝나지 않는다. 추함이나 좋지 않음은 일반적으로 우리가 배척하는 가치들이다. 그래서 상대적으로 가치가 낮다. 흔히 무(無)가치하다거나 무(無)의미하다고 말하는 것이 그것이다. 그런데 노자가 보기에는 오히려 정반대이다. 추함이 있기에 아름다움이 있다면 추함이야말로 아름다움을 아름다움이게 하는 좀 더 근원적인 가치가 아닐까? 일견 무가치하고 무의미해 보이는 것들이 알고 보면 다른 가치와 의미를 창출하는 근원이 되는 것이다.

브룩 지포린(Brook Ziporyn)은 이것을 꽃과 천연비료의 예로 들고 있다. 꽃은 아름다운데, 꽃이 피려면 천연비료가 있어야 한다. 그런데 천연비료는 아름답지 않다. 냄새도 나고 보기에도 지저분하다. 하지만 비료가 없이 꽃은 존재할 수 없다. 그런 의미에서 비료는 꽃을 존재하게 하는 조건이자 토대가 된다. 여기에서 가치의 역전이 일어난다.* 추함이야말로 아름다움을 아름다움이게 하는 '조건'이라고 한다면, 추함이야말로 더 존중받아야 하지 않을까?

이것이 노자가 본 세계의 실상이다. 이 세상은 인간이 지향하는 어느 하나의 가치만 독립적으로 존재하지 않고, 항상 그것의 '반대 가치'와 함께 공존한다. 마치 같음과 다름이 공존하고, 이

---

* Brook Ziporyn, "Li in Wang Bi and Guo Xiang - Coherence in the Dark," in *Philosophy and Religion in Early Medieval China* edited by Alan K. L. Chan & Yuet-Keung Lo (Albany: SUNY Press, 2010), p.99 참조.

것이 있으면 저것이 있듯이, 양자는 항상 동시적으로 존재한다. 그런데 인간은 대개 어느 하나만 인정하고 추구하려는 경향이 강하다. 그래서 반대 가치를 주변화하고 지향 가치를 중심에 위치시키려 한다. 여기에서 중심과 주변, 정통과 이단의 서열이 생기게 된다.

그런데 이것은 결국 자신이 선호하는 지향 가치의 근거를 소외시키는 결과를 낳게 된다. 특히 주변화된 반대 가치가 비료와 같이 인간의 조건(human condition)을 이루는 경우에는 더욱 심각하다. 그것이 오늘날 인류가 겪고 있는 지구적 위기 상황이다. 오늘날의 생태 위기와 기후 변화는 인간이 자신의 생존 근거인 자연을 주변화하고 소외시킨 결과이다. 그런데 그 대가가 고스란히 인간에게 되돌아 오고 있는 것이다. 바로 여기에 우리가 자연을 새롭게 인식해야 하는 이유가 있다. 그렇다면 노자는 자연을 어떻게 보았을까? 인간과 자연의 관계를 어떻게 설정했을까?

3. 천장지구: 자연은 소유하지 않는다*

20세기에 전 인류의 공식적인 도는 '과학기술'이었다. 이른바 '지구적 근대화'(global modernization)의 시대였다. 사회주의든 자유주의든, 공산주의든 자본주의든 이념에 상관없이 하나같이 과학기술이라는 도를 최고의 가르침으로 신봉한 시대가 20세기였다.

그런데 근대의 과학기술은 기본적으로 인간과 자연을 분리시키는 데에서 출발하였다. 인간의 한계로 다가오던 자연을 극복하고, 인간을 위한 자원으로 자연을 활용하는 것이 과학기술의 출발이기 때문이다. 이러한 세계관에서는 자연은 오직 인간을 위해서만 가치를 지닐 뿐, 그 자체로는 본질적 가치를 갖지 못한다. 여기에서 인간은 중심에 서고 자연은 주변으로 밀려나게 된다.

그런데 노자가 보기에 자연은 생명의 성립 조건이다. 그것은 꽃과 비료의 관계와 같다. 한 생명이 꽃을 피우기 위해서는 자연이라는 비료가 필수적이기 때문이다. 인간도 생명인 이상 예외일 수 없다. 그래서 자연은 인간의 주변이 아니라 오히려 인간의

---

* 이 절은 조성환, 〈인류세 시대 노자 『도덕경』〉, 《월간 공공정책》 199호, 2022년 5월, 76-81쪽을 수정한 것이다.

조건이자 토대가 된다. 노자가 천지(天地)에 주목하는 이유가 여기에 있다. 천지는 '하늘과 땅'이라는 뜻으로, 지금으로 말하면 일종의 '지구시스템'을 가리킨다. 만물을 생성할 수 있는 조건을 갖춘 지구 환경이 바로 천지이다.

그래서 천지는 노자의 개념으로 말하면 식모(食母)에 해당한다 (제20장).* '식모'는 직역하면 "먹거리의 어미"나 "먹여주는 어미"라는 뜻이다. 즉 만물을 낳아주고 길러주는 어미라는 말이다. 만약에 食(식)을 동사로 해석하면 "(어미를) 먹여준다", "(어미를) 길러준다"고 번역할 수 있다. 이 경우에는 인간이 천지라는 어미를 봉양하고 길러준다는 뜻이 된다.

노자의 식모는 19세기의 동학사상가 해월 최시형의 '천지부모' 개념을 연상시킨다. 해월은 천지를 부모에 비유하였다. 그리고 천지를 부모처럼 공경하고, 매번 밥을 먹을 때마다 고마움을 표하라고 말하였다. 그것이 식고(食告) 의례다. 그리고 "밥 한 그릇에 세상만사의 이치가 다 들어 있다"(萬事知, 食一碗)고 하였다. 이것을 '한살림'의 창시자 무위당 장일순(1928~1994)은 "밥 한 그릇에 우주가 담겨 있다"고 하였다. 밥 한 그릇이 만들어지려면 온

---

* 我獨異於人, 而貴食母. (나만 홀로 사람들과 달라서 '식모'를 귀히 여긴다. 『노자』 20장.)

우주가 동참해야 하기 때문이다. 노자와 해월, 그리고 장일순은 모두 밥 또는 먹음이라는 주제를 천지의 차원, 지구적 스케일에서 사유한 철학자이다.

한편 노자는 천지가 인간과 만물의 조건이라는 점에 주목하여, 인간이 아닌 천지로부터 도의 원리를 도출해 낸다. 이것이 그가 말하는 천도(天道)이자 대도(大道)이다. 동시대의 공자나 맹자가 인간의 문화와 역사에서 도를 찾고자 했다면, 노자는 시선을 하늘과 땅으로 돌려, 천지에서 지구에서 자연에서 도를 구한 것이다.

그렇다면 천지는 어떤 길을 가고 있을까? 거기에서 어떤 도를 찾을 수 있을까? 그리고 그 결과로서의 덕은 어떤 것일까? 우선 천지에는 두 가지 대립되는 가치가 공존하고 순환한다. 생성과 소멸, 성장과 쇠퇴, 낮과 밤, 봄과 겨울, 양과 음 등등. 이 중에서 전자의 그룹들과 후자의 그룹들을 각각 철학적 개념으로 개괄하면, 유(有)와 무(無)가 된다. 즉 생성되고 성장하고 밝고 늘어나는 것이 유이고, 소멸하고 쇠퇴하고 어둡고 줄어드는 것이 무이다.

노자는 유와 무의 관계에 대해서 『도덕경』 제2장에서 다음과 같이 말한다.

有無相生(유무상생): 유와 무는 서로 낳는다.

이 구절은 앞서 살펴본 제2장의 "난이상성", "장단상교", "고하상경"의 바로 앞에 나오는 말이다(有無相生, 難易相成, 長短相較, 高下相傾, 音聲相和, 前後相隨). 쉽고 어려움, 길고 짧음, 높고 낮음 등이 서로 반대되는 짝에 의해서 성립하듯이, 있음(有)과 없음(無)도 마찬가지라는 것이다. 그래서 이곳의 무, 즉 없음은 뒤에 나오는 "쉬움, 짧음, 낮음, 소리, 뒤"와 같이 세상에서 가치가 없다(無)고 여겨지는 것들의 총체를 일컫는다. 반대로 유, 즉 있음은 "어려움, 긺, 높음, 화음, 앞"과 같이 가치가 있다(有)고 평가되는 것들의 총체를 가리킨다.

앞에서는 이 구절을 언어적 차원에서 읽어서, 어느 한 개념도 단독으로는 있을 수 없고, 그것과 짝이 되는 반대 개념에 의해 성립한다는 뜻으로 해석하였다. 그런데 이 구절을 지구학적 관점에서 읽으면, 자연 세계에는 상반되는 것들이 서로 의존하고 순환하면서 지구시스템이 돌아간다는 의미로 해석할 수 있다. 그리고 이러한 사실을 언어적 차원에 반영한 것이 유무상생, 난이상성, 장단상교 등이다.

문제는 근대인들이 이러한 지구시스템에서 자신을 예외적 존재로 분리시켰다는 점이다. 이른바 '인간 예외주의'(Human Exceptionalism)이다. 과학기술이라는 막강한 힘은 인간을 자연계의 최상위 포식자로 등극시켰고, 자본주의는 자연을 일방적으로 소비하는 존재로 변질시켰다. 인간이 자연의 순환시스템의 일원이 아니라 그 시스템에서 벗어나서, 그것을 통제하고 소유하게 된 것이다. 급기야 20세기에 들어서는 지구시스템으로부터의 탈출까지 시도하고 있다. 그것을 한나 아렌트는 『인간의 조건』(1958)에서 '지구소외'(Earth alienation)라고 하였다. 인간이 자신의 생존 근거를 소외시키고 있다는 뜻이다.

그러나 일찍이 시애틀 추장이 갈파했듯이, 과연 인간이 자연을 소유할 수 있을까?* 그리고 거기에서 벗어나서 살 수 있을까? 이것은 노자나 해월 식으로 말하면 부모를 소유하고 매매하는 일에 다름 아니고, 물고기가 물을 떠나서 살려는 것과 같다.

그렇다면 자연은 어떤가? 자연은 인간에게 어떤 태도를 취하고 있는가? 노자가 보기에 자연은 인간과는 정반대의 삶의 방식을 살고 있다. 즉 인간을 소유하려 들지 않는다. 그런데 바로 그렇기 때문에 오래도록 지속할 수 있다. 즉 무소유의 도를 걷기 때문에 장구(長久)라는 덕을 얻게 되는 것이다.

『도덕경』 제7장에서는 이와 같은 자연의 존재 방식을 다음과 같이 말하고 있다.

* 시애틀 추장 지음, 이상 옮김, 『어떻게 공기를 팔 수 있다는 말인가: 시애틀 추장의 꿈』(가갸날, 2015).

하늘은 오래가고 땅은 유구하다. 天長地久

하늘과 땅이 오래가고 유구할 수 있는 것은 天地所以能長且久者

자기만 살지 않기 때문이다. 以其不自生

그러므로 오래도록 살 수 있는 것이다. 故能長生

그래서 성인은 자기 몸을 뒤로 하는데 몸이 앞서고

是以聖人後其身而身先

자기 몸을 던지는데 몸이 보존된다. 外其身而身存

이는 거기에 사(私)가 없기 때문이 아니겠는가? 非以其無私邪?

그래서 오히려 그 사(私)를 이룰 수 있다. 故能成其私

이 글은 크게 전반부와 후반부로 나뉜다. 전반부는 천지의 존재 방식이고, 후반부는 이상적인 지도자(성인)의 삶의 방식이다. 이상적인 지도자의 덕목(德)은 천지의 존재 방식(道)에 의해 도출된다. 즉 자연의 길을 본받아 인간의 덕을 쌓는 구조이다. 이것을 노장철학자 최진석은 "천도(天道)에 의해서 인도(人道)를 도출해 낸다"고 하였다.

노자가 보기에 천지는 만물을 생성하지만 그것을 소유하려 들지 않는다. 즉 자기(私)만을 위해 살지 않고(不自生) 만물들과 공생한다. 그리고 이런 태도 때문에 지속가능한 상도(常道)가 된다.

이것이 노자가 본 천도(天道)이자 자연의 길이다.

여기에서 사(私) 개념이 등장한다. 사(私)는 중국 고전에서 공(公)과 대비되어, 사적이고 개인적인 것을 말한다. 그런데 노자는 사(私)를 이루는 방법은 무사(無私)라고 말한다. 즉 사가 없어야(無) 역설적으로 사를 가질(有) 수 있다는 것이다. 달리 말하면 무의 상태를 유지해야, 자기가 지향하는 유를 얻을 수 있다는 것이다. 마치 비료가 흙에 스며들어 보이지 않게 될 때 꽃을 얻을 수 있듯이, 반대 가치가 작용해야 지향 가치가 얻어진다는 것이다.

그렇다면 위의 인용문에서 사(私)는 무엇인가? 구체적으로 어떤 사적인 이익을 말하는 것일까? 위의 문맥에서는 신선(身先)이나 신존(身存)이 그것에 해당할 것이다. 포괄적으로 말하면 장생, 즉 '오래도록 잘 사는 것'을 말한다. 장생은 개인적으로는 장수를 의미하지만 지구시스템 차원에서는 지속가능성을 가리킨다. 인간은 누구나 장생을 추구한다. 죽음을 싫어하고 삶을 지향하기 때문이다. 그런데 그러기 위해서는 자생(自生)의 태도를 버려야한다는 것이 노자의 생각이다. 자생은 "자기만 살려는 태도"를 말한다. 공생(共生)이나 공생(公生)과 반대되는 개념이다.

지구학적 차원에서 보면, 지난 몇 세기 동안 인간은 자생(自生)을 추구했다. 그러나 사람이 혼자서만 살 수 없듯이, 인간도 자연과 분리되어 살 수는 없다. 만물은 천지라는 거대한 지구시스템 안에서 살고 있기 때문이다. 그래서 노자는 인간은 자연과 공생(共生)의 삶을 살아야 자신의 사생(私生)도 확보될 수 있다고 말한다.

02

성인은
자기가 없다

조성환

1. 허무 철학자 노자

오늘날 '허무'(虛無)라고 하면, '허무주의'나 '허무하다'는 말이 시사하듯이, 비관적이고 부정적인 이미지가 지배적이다. 그러나 서양철학이 수용되기 이전까지만 해도 동아시아인들에게 허(虛)와 무(無)는 반드시 배척되어야 할 개념으로만 인식되었던 것은 아니다. 오히려 허무야말로 삶의 바탕이 되고 터전이 되는 필수 불가결한 요소라고 평가한 사상가도 있었다. 그가 바로 노자이다. 노자는 허(虛)와 무(無)가 있기 때문에 비로소 실(實)과 유(有)가 가능하고, 그런 점에서 가능한 한 허무를 많이 확보해야 한다고 하는 '허무주의'를 주장하였다. 앞에서 살펴본 『도덕경』의 무욕(無欲)도 노자적 허무주의의 다른 표현으로 이해할 수 있다.

노자의 허무 사상은 이후에 장자(莊子)로 이어졌고, 나아가서는 동아시아의 사상과 문화에 많은 영향을 끼쳤다. 이 장에서는 먼저 『도덕경』에 나타난 허무의 철학을 자연과 문명의 차원에서

음미해 보고, 그것이 이후에 장자에게 어떻게 이어졌는지를 사상사적 맥락에서 살펴보고자 한다. 이어서 중국의 허무 철학과 비슷한 한국의 사례로 신라의 풍류도를 소개하고, 마지막으로 허무 철학이 현대 디자인에 구현된 사례로 일본의 무인양품(無印良品)을 소개하고자 한다.

먼저 『도덕경』에 나오는 허무 철학을 살펴보기로 하자. 『도덕경』 제11장에는 비움(虛)과 없음(無)의 효용을 다음과 같이 말한다.

> 삼십 개의 바퀴살이 하나의 바퀴통을 공유하고 있으니,
>
> 그 없음(無)으로 인해 수레의 쓰임(用)이 있다.
>
> 진흙을 개어서 그릇을 만드니,
>
> 그 없음(無)으로 인해 그릇의 쓰임(用)이 있다.
>
> 문과 창을 뚫어서 방을 만드니,
>
> 그 없음(無)으로 인해 방의 쓰임(用)이 있다.
>
> 그러므로 '있음'(有)이 이롭게 되는 것은
>
> 없음(無)이 쓰임(用)이 되기 때문이다.
>
> (三十輻共一轂, 當其無有車之用; 埏埴以爲器, 當其無有器之用; 鑿戶牖以爲室, 當其無有室之用. 故有之以爲利, 無之以爲用)

여기에서 없음(無)은 비움(虛)의 다른 말로, 수레바퀴(車)나 그릇(器) 또는 집(室)과 같은 도구들의 텅 빈 공간을 가리킨다. 노자가 보기에 인간에게 도구(有)가 유용(用)할 수 있는 이유는 도구 그 자체 때문이 아니다. 역설적으로 아무것도 없는 무(無) 때문이다. 방은 인간이 생활하는 데 필요한 공간(虛)을 확보하기 위한 칸막이 도구이고, 그릇은 내용물을 담는 공간(虛)을 확보하기 위한 저장 도구이다. 따라서 도구는 그 자체가 목적이 아니라, 공간 활용을 위한 수단에 지나지 않는다. 이 공간이 '무'이다.

반면에 수레의 바퀴는 비슷하면서도 약간 다르다. 한가운데의 텅 빈 공간을 쓴다는 점에서는 그릇이나 방과 같지만, 그 공간이 바퀴살들을 움직이게 하는 중심축이 된다는 점에서는 위상이 다르기 때문이다. 한가운데의 공간은 아무것도 하지 않지만 나머지 바퀴살들을 움직이게 할 수 있다. 그런 점에서 그것은 유(有)를 작동시키는 무(無)이다. 달리 말하면 무가 유의 중심이 되고 있다. 마치 블랙홀이 모든 것을 빨아들이듯이, 무가 모든 유를 빨아들이고 있는 형태이다.

하지만 수레이든 그릇이든 그것이 도구라는 점에서는 근본적인 차이가 없다. 도구는 '문명의 이기(利器)'라는 말이 있듯이 문명의 상징이다. 그렇다면 공간은 무엇으로 볼 수 있을까? 그것은 문명과 대비되는 자연(自然), 즉 '본래(自) 그러한 것(然)'을 의미할 것이다. 문명은 자연을 재단하고 구획하여, 또는 한비자의 표현을 빌리면 리(理)하여, 인간의 생존과 편의를 위해 도구를 만드는 행위이다. 집을 지을 때 건축가는 자연이라는 공간을 어떻게 나누고 배치할 것인지를 고민한다. 결국 우리가 쓰는 것은 벽이나 지붕이 아니라 공간이기 때문이다. 벽이나 지붕은 공간을 확보하고 구획하기 위한 부차적 장치일 뿐이다.

자연	공간	무(無)	용(用)
문명	도구	유(有)	리(利)

흥미롭게도 노자는 이러한 비움의 통찰을 자연 안에서도 발견하고 있다. 『도덕경』 제20장에서는 하늘과 땅 사이의 비움을 다음과 같이 말한다.

하늘과 땅 사이는 마치 풀무와 같구나.

비어 있지만 궁하지 않고(虛而不屈) 움직일수록 더욱 나온다.

(天地之間, 其猶橐籥乎! 虛而不屈, 動而愈出.)

'풀무'는 바람을 일으키는 도구이다. 대장간이나 부엌에서 쓰는 기구로, 손잡이를 잡고 돌리면 텅 빈 구멍에서 바람이 나온다. 노자가 보기에 하늘과 땅도 비움의 원리로 운행되고 있다.

마치 풀무의 내부가 텅 비어 있듯이, 하늘과 땅 사이도 텅 비어 있어서 만물이 생성될 수 있다는 것이다. 하늘과 땅 사이는 지금으로 말하면 '지구대기권'에 해당한다. 이 대기권은 지구생명체에 있어서는 보호막과 같은 역할을 한다. 대기권이 있어서 온실효과가 발생하고, 그 덕분에 생물체가 살기에 적당한 기온이 유지될 수 있기 때문이다. 만약에 지구에 대기가 없다면 지구 표면 온도는 영하 20도까지 떨어지고 만다.[*]

한편 다른 관점에서 생각해 보면, 풀무는 앞에서 나온 그릇이나 방의 비유와도 상통하는 점이 있다. 풀무는 도구이고 공간은 자연이기 때문이다. 그릇이나 수레가 공간이라는 자연을 활용하는 것이 그 목적이듯이, 풀무가 풀무일 수 있는 이유도 바람이라는 자연을 쓰기 때문이다. 여기에서도 자연이 없으면 문명은 작동할 수 없다는 원칙이 적용된다. 그래서 풀무의 비유는 두 가지 측면으로 이해될 수 있다. 하나는 비움이 생성의 조건이라는 것이고, 다른 하나는 자연이 문명의 토대라는 것이다. 자연은 문명을 가능하게 하는 무대와 같고, 문명은 그 무대 위에서 펼쳐지는 인간의 활동이다.

---

[*] 윤상석, 〈왜 탄소가 문제일까? - 탄소와 지구 온난화의 관계〉, 《The Science Times》 (온라인), 2021년 11월 12일.

이상의 통찰을 오늘날 인류에게 닥친 위기 상황과 결부시켜 이해해 보면, 문명을 가능하게 하는 것은 자연이고, 자연이 사라지면 문명도 지속가능하지 않다는 경고로 받아들일 수 있다. 이것을 해결할 수 있느냐 여부는 자연의 영역을 얼마나 확보하느냐에 달려 있을 것이다. 달리 말하면 자연이라는 공간을 얼마나 비워둔 상태에서 문명을 유지할 수 있는가가 문제이다.

노자는 이러한 삶의 방식을 무위(無爲)라고 하였다. '무위'란 "아무것도 하지 않는다"는 뜻이 아니라, "자연의〈순환〉원리에 따라 사는 삶의 방식"을 말한다. 반대로 유위(有爲)는 자연과는 다른 인공세계를 만들어 가는 활동을 가리킨다. 그런데 노자가 보기에 이와 같은 유위의 활동은 학(學)이라는 형태로 조장되어 왔다. 『도덕경』 제48장의 "위학일익(爲學日益) 위도일손(爲道日損)"은 이러한 맥락에서 이해될 수 있다.

爲學日益(위학일익)	학을 하면 날로 늘어난다.	有爲(유위)	인공
爲道日損(위도일손)	도를 하면 날로 줄어든다.	無爲(무위)	자연

학(學)은 늘리는 행위이고 도(道)는 줄이는 행위이다. 한비자식으로 말하면, 학(學)은 자르고 구분하는 리(理)적인 활동이다. 따라서 학을 하면 할수록 지식이 세분화되고 전문화된다. 그래서 전문 지식은 늘어나지만, 그만큼 전체를 보는 눈은 좁아진다.

특히 학(學)이 도그마가 될 때는 더욱 그러하다. 그것이 장자가 비판하는 교(敎), 즉 '가르침'이라는 사상형태이다.

춘추전국 시대에 유학(儒學)은 인간의 행위규범을 예(禮)로 세분화하였다. 그리고 한대(漢代)에는 그것을 유교(儒敎)라는 형태로 제도화하였다. 역사학에서 말하는 '유교의 국교화'가 그것이다. 그래서 유학 이외의 학은 공식적으로 인정받을 수 없게 되었다. 이른바 '유학 독존'의 시대가 열린 것이다. 15세기 이후의 조선의 상황도 이와 다르지 않았다.

그러나 장자가 보기에 교(敎)는 가도(可道)의 차원에 불과하고 일리(一理)를 전달하고 있을 뿐이다. 즉 도의 일부를 표현한 것이 교이다. 그래서 장자는 교에 사로잡혀 있는 사람과는 도에 대해서 얘기할 수 없다고 하였다.

> 우물안 개구리에게 바다를 말할 수 없는 것은 공간에 구속되어 있기 때문이다.(井蠅不可以語於海者, 拘於虛也.)
>
> 여름 벌레에게 얼음을 말할 수 없는 것은 시간에 매어있기 때문이다.(夏蟲不可以語於氷者, 篤於時也.)
>
> 편협한 학자에게 도를 말할 수 없는 것은 가르침에 속박되어 있기 때문이다.(曲士不可以語於道者, 束於敎也.)

여기에서 교(敎)는 오늘날 말하는 religion(종교)이 아니다. '국가에 의해 공인된 가르침'을 지칭하는 역사적 용어이다. 이러한 교 개념은 한대 이후부터 본격적으로 사용되었다. 그러나 그 단초는 이미 장자가 살았던 전국시대 말기부터 순자에 의해 제시되었다.[*]

그런데 장자가 보기에 가르침(敎)의 형태는 특정 사상을 배타적으로 신봉하는 태도를 낳기 마련이다. 가령 유학지상주의자는 유학만이 유일한 가르침이라고 신봉하는 사람을 말한다. 그들은 춘추시대의 공자의 말씀대로 하면 모든 사람이 다 도덕적이 될 수 있다고 생각한다. 마찬가지로 특정 종교만 믿으면 구원받을 수 있다고 생각하는 사람이 있다면, 그 사람에게는 그 종교가 교가 되는 셈이다. 그러나 한비자 식으로 말하면, 이들은 모두 하나의 리를 말하고 있을 뿐이다. 달리 말하면 부분적인 진리일 뿐이다. 이들에게 지혜를 빌릴 수는 있지만, 어떠한 리도 늘 그러한 도가 될 수는 없다(道可道 非常道). 그래서 도를 깨달으면 교를 설파할 수 있지만, 교에 구속되면 도에 이를 수는 없다.

오늘날 가장 강력한 교는 과학(science)이다. 종교조차도 과학

---

[*] 조성환, 『키워드로 읽는 한국철학』 제2장 「종교」(모시는사람들, 2022).

적으로 증명해야 납득시킬 수 있는 세상이다. 근대 과학의 특징
은 '분과학문'이라는 말로부터 알 수 있듯이, 세분화하고 전문화
된 학(學)이다. 과학적 지식은 인간의 삶을 편리하게 하는 데에는
기여했지만, 인간보다 더 큰 세계, 즉 천지(天地)와의 관계는 소
원하게 만들었다. 아렌트 식으로 말하면, 지구라는 인간의 조건
을 점점 소외시켜 갔다.

그 이유는 근대인들이 과학의 힘을 빌려서 인공세계를 건설했
기 때문이다. 그리고 그 인공세계가 자연의 순환 원리에 반해서
작동되고 있기 때문이다. 그 대가는 쓰레기의 증가와 기온의 상
승이다. 노자의 표현을 빌리면, "과학기술을 사용하면 사용할수
록[爲學] 쓰레기는 늘어나고 온도는 상승할 뿐이다[日益]."

요즘 뉴스를 보면 산, 바다, 섬, 어디 하나 인간이 배출한 쓰레
기가 없는 곳이 없다. 심지어는 우주에도 쓰레기가 있다고 한
다. 태평양에는 '쓰레기 섬'이 형성될 정도이다. 그 크기는 무려
한국 국토의 16배이고, 7만 9천 톤의 플라스틱 쓰레기가 모여 있
다고 추정된다.* 또한 체르노빌 원전 사고나 동일본대지진으로
문제가 됐던 원전 폐기물은 인간이 어떻게 할 수 없는 재앙으로

---

* 곽노필, 〈태평양 쓰레기섬에 새로운 '멧목생태계'가 탄생했다〉, 《한겨레신문》,
2021년 12월 7일.

불린다.

지구온난화를 초래한 탄소의 증가도 과학 문명의 쓰레기라고 할 수 있다. 산업혁명 이래로 인류는 땅속에 묻혀 있어야 할 화석 연료를 강제로 꺼내 쓰기 시작했다. 결국 탄소의 〈순환〉 균형이 깨지고, 그로 인해 온실효과가 증가하여 온난화가 진행된 것이다. 본래는 인간에게 유용해야 할 탄소가 문명의 쓰레기가 되어 해악으로 돌아온 것이다. 마치 가이아론의 창시자 제임스 러브록이 "가이아의 복수"라고 했듯이 말이다. 인간의 유위가 극치에 달한 결과이자 과학이 초래한 문명의 부메랑이다.

이와 같은 "위학일익"의 반대편에 있는 것이 "위도일손"이다. "위도일손"에서 도는 무위적 삶의 방식을 말한다. 생태적으로 말하면 쓰레기와 탄소 배출을 줄이는 삶이다. "쓰레기를 줄인다"는 것은 아무것도 하지 않는다는 것이 아니다. 적극적으로 "순환하는 삶을 사는 것"이다. 그 이유는 자연이 순환의 원리로 작동하고 있기 때문이다. 이런 식으로 도와 무위를 해석하면, 무위의 원칙에 따르는 학(學)이라면, 그것은 도학(道學)으로 긍정될 수 있을 것이다. 예를 들면 오늘날 생태운동가들이 말하는 '생태학'이나 '생태운동' 같은 것이 그것이다(물론 그 방향성에 대해서는 찬반양론이 있지만 말이다).

그렇다면 어떻게 하면 유위의 학을 무위의 도로 되돌릴 수 있을까? 어떻게 하면 자연에 반하는 활동을 줄이고 자연 친화적인 활동을 늘릴 수 있을까? 전문가들 사이에서는 이미 늦었다는 비관론이 팽배한 것 같다. 서양에서도 종말론적인 언설들이 두드러지고 있다. 그래도 조금이나마 인류의 종말을 늦출 수 있다면, 우리는 뭔가 해야 하지 않을까? 마치 예전의 어떤 현자가 "내일 지구가 망할지라도 한 그루의 사과나무를 심겠다"고 말했듯이 말이다.

만약에 이런 입장에 있다면 노자가 말한 허심(虛心)의 지혜를 권하고 싶다. 허심이란 "마음을 비운다"는 뜻으로, 보통은 "욕심을 비운다"는 의미로 알려져 있다. 하지만 『도덕경』의 문맥을 고려하면, "유위하려는 마음을 버린다"로 해석될 수 있다. 그렇게 할 수 있으면 "배가 튼실해진다"(實腹)고 노자는 말한다. 여기에서 배(腹)는 자연의 순환 원리에 따르는 삶을 상징한다.

> 그래서 성인의 다스림은 그 마음을 비우게 하고 그 배를 채우게 한다. (是以聖人之治, 虛其心, 實其腹. 『노자』 3장)

배는 눈이나 혀와 같은 감각적인 욕망과는 달리 신체적인 차원의 근원적인 생명력을 상징한다. 인간이 감각적인 욕망에 사로잡혀 있으면 자신의 생명력을 죽이면서까지 그것을 추구하려고 한다. 그러한 욕망을 줄이게 하는 것이 이상적인 통치라는 것이다. 그것이 노자가 말하는 "허기심"(虛其心)이다. 다른 말로 하면 무위의 정치이다.

그렇다면 오늘날의 "허기심"은 무엇이라고 할 수 있을까? 기술 문명의 위기 상황을 생각하면 "虛機心"(허기심)으로 해석될 수 있다. 허기심(虛機心)은 "기심(機心)을 버린다"는 의미의 조어이다. '기심'(機心)은 『장자』에 나오는 말로, "기계를 쓰는 마음"이라는 뜻이다. 『장자』는 「천지(天地)」 편에서 기계 사용을 꺼리는 이유를 다음과 같이 말하였다.

> 기계가 있으면 반드시 기계를 쓰는 일이 생긴다.
>
> (有機械者, 必有機事.)
>
> 기계를 쓰는 일이 생기면 반드시 기계를 쓰는 마음이 생긴다.
>
> (有機事者, 必有機心.)
>
> 기계를 쓰는 마음이 가슴에 자리 잡으면 순박함이 갖추어지지 않는다.
>
> (機心存於胸中, 則純白不備.)
>
> 순박함이 갖추어지지 않으면 정신적 삶이 불안정해진다.
>
> (純白不備, 則神生不定.)
>
> 정신적 삶이 불안정한 자에게 도는 실리지 않는다.

(神生不定者, 道之所不載也.)

내가 기계를 모르는 것이 아니라, 부끄러워서 하지 않는 것이다.

(吾非不知, 羞而不爲也.)

이에 의하면, 장자가 기계를 안 쓰는 이유는 '순박의 유지'와 '정신적 안정' 때문이다. 기계에 의존하면 순수함이 깨지고 정신이 불안해진다는 것이다. 그렇게 되면 도가 떠나게 되고, 도가 떠난 삶은 부끄럽다는 것이다.

그렇다면 왜 기계는 인간의 정신을 어지럽히는가? 그것은 바로 욕망 때문이다. 기계는 인간의 욕망을 만족시켜주는 최상의 도구이다. 그런데 기계에 의존하다 보면 어느새인가 인간이 기계의 노예가 되고 만다. 욕망을 계속해서 충족시키고 싶기 때문이다. 문제는 여기서 끝나지 않는다. 기계에 의존한 인간의 욕망 충족은 생태계의 순수함(純白)까지 깨트린다. 그래서 위의 문장은 생태적, 지구적 차원으로도 독해될 수 있다. 예를 들면 다음과 같다.

기계에 의존하다 보면 지구(자연)가 불결해지고 기후가 불안해진다.

그렇게 되면 지구(자연)의 순환 원리, 즉 도가 깨지게 된다.

이것은 지구(자연)에게 미안하고 부끄러운 일이다.

코로나가 시작되고 전 세계적으로 봉쇄가 진행되자, 미세먼지가 줄어들고 하늘이 맑아졌다고 한다. 인도에서는 히말라야 산이 보이게 되었다는 뉴스도 있었다. 인간이 비로소 신선한 자연을 접할 수 있게 된 것이다. 그 이유는 왜일까? 다름 아닌 인간의 활동이 줄어들었기 때문이다. 인간의 활동이 감소하자 기계의 사용도 줄어들고, 그로 인해 대기오염도 줄어든 것이다. 장자 식으로 말하면, 인간이 기심(機心)을 비우니까 천지가 순백해진 것이다.

『무소유』의 저자 법정 스님은 일찍이 2000년대 초에 '무소유'를 기후변화와 연결시켜 설파한 적이 있다.

기상학자들의 말에 의하면 금세기 안에 지구 기온이 지금보다 섭씨 5도에서 8도까지 올라갈 것이라고 합니다. 지금 우리가 이런 상태로 산다면, 히말라야를 비롯한 빙하들이 앞으로 40년 안에 모두 사라진다고 합니다. 그렇게 되면 사람이 살기가 아주 고통스러워집니다. 빙하가 녹으면 녹은 물이 어디로 갑니까? 해수면이 높아집니다. 해수면이 높아지면 태풍이나 홍수 등으로 인해 낮은 곳에 사는 사람들은 다 매몰됩니다. … 이 지구상에서 우리가 살아남으려면, 우리 후손들까지도 살아 있으려면, 현재의 생활 방식을 바꿔야 합니다. 보다 겸손한 태도로 지구 환경을 생각하면서 적은 것으로 만족할 줄 아는 맑은 가난의 미덕을 하루하루 실천해야 합니다. 덜 쓰고 덜 버려야 합니다. 지금 가지고 있는 것만으로도 넘치고 있습니다.*

여기서 법정 스님이 말하는 "덜 쓰고 덜 버리는" 생활 방식은, 노자가 말하는 허기심(虛其心), 장자가 말하는 허기심(虛機心)과 상통한다. 기계를 쓴다는 것은 결국 더 많이 쓰겠다는 것이고, 더 많이 쓰게 되면 더 많이 버리게 되기 때문이다. 그래서 노자의 虛其心(허기심)과 장자의 虛機心(허기심)은 기후변화 시대를 살아가는 인간의 태도를 제시한다고 볼 수 있다.

2. 장자의 허심응물

지금까지 노자의 허무 철학을 자연과 문명의 차원에서 해석해 보았다. 노자의 허무 철학은 이후에 장자로 이어지는데, 장자의

---

* 법정, 『한 사람은 모두를 모두는 한 사람을』(문학의숲, 2009), 22-23쪽.

특징은 마음과 외물의 관계에서 허무를 논한다는 점이다. 즉 타자와의 관계를 허무의 상태에서 맺으라는 것이다. 구체적으로는 허심의 상태에서 외물(외부 세계)에 반응할 때 가장 무위적인 대응이 가능하다고 생각한다. 예를 들면 다음과 같다.

> A. 하늘에서 받은 것을 다 발휘할 뿐,
>
> 무엇을 얻었는지는 생각하지 않는다.
>
> 그냥 텅 빈(虛) 채로 있을 뿐이다.
>
> (최고의 경지에 이른) 지인(至人)은 마음을 거울처럼 쓴다.
>
> 싫다고 미리 보내지도(將) 않고,
>
> 좋다고 미리 맞이하지도(迎) 않는다.
>
> 반응만 할 뿐 (마음에) 담아두지 않는다(應而不藏).
>
> 그래서 외물을 이길 수 있지만 (자신은) 손상되지 않는다.*

여기에서 '거울'은 대상에 대해 이상적인 반응을 하는 존재를 상징한다. 철학적으로 말하면 객체를 올바르게 인식하는 주체이다. 인간은 대개 자기와 입장이 같으면 동조하고 입장이 다르면

---

* 盡其所受乎天, 而無見得, 亦虛而已. 至人之用心若鏡. 不將不迎, 應而不藏. 故能勝物而不傷. (『장자』「응제왕」)

반대하기 마련이다.* 이것을 장자는 "미리 맞이하고(迎) 미리 보낸다(將)"고 표현하였다. 그러나 거울은 다르다. 거울은 외물이 오면 있는 그대로(自然) 비출 뿐 자신의 호오(好惡)에 따라 맞이하거나(迎) 거부하지(將) 않는다. 반드시 외물이 다가온 뒤에야 반응한다. 그리고 외물이 사라지면 다시 처음 상태로 돌아온다. 그래서 "담아두지 않는다"(不藏)고 한 것이다. 대개 인간은 외물을 인식하면 상(相)이 남기 마련인데, 거울은 그 상(相)조차 잊어버린다. 그래서 마음에 남아 있는 상(相)이 없다. 이렇게 하면 외물에 휘둘리지 않고 자신의 본래 상태를 늘 그러하게[常] 유지할 수 있다.**

이것이 장자가 생각하는 외물에 대한 이상적인 대응이다. 그 비결은 맨 앞에 나온 텅 빈 허(虛)의 상태를 유지하는 것이다. 그래서 『장자』 해석가로 유명한 성현영(成玄英, 7세기)은 이 구절을 다음과 같이 해설하였다.

단지 마음을 텅 비우고 잊을 뿐이다. (直自虛心, 淡忘而已.)

---

* 與己同則應, 不與己同則反. 同於己爲是之, 異於己爲非之. (『장자』「우언」)
** 조성환, 「정제두의 심학적 응물론: 「정성서해(定性書解)」를 중심으로」(『유교문화연구』 19집, 2011), 123쪽.

사물이 오면 거울은 그대로 비추듯이, 지인도 텅 빈 상태에서 외물에 반응한다. (物來斯照, 至人虛應.)

여기에서 허심(虛心)이나 허응(虛應)은 각각 "거울과 같은 마음 상태"와 그 상태에서의 "외물에 대한 반응"을 나타낸다. 비록『장자』는 이런 표현을 사용하지 않았지만, 후대의 해석자들은 이런 개념으로 장자 철학을 설명하고 있다.

한편 장자는 거울 이외에도 물(水)이나 메아리(響)의 비유를 사용하기도 한다.

B. 그 움직임은 물과 같고 그 고요함은 거울과 같고 그 반응은 메아리와 같다. (其動若水, 其靜若鏡, 其應若響.「천하」)

C. 사람은 흐르는 물에다 자기 얼굴을 비추지 않는다. 잔잔한 물에다 비춘다. (人莫鑑於流水, 而鑑於止水.「덕충부」)

이 이야기는 A에서 나온 거울의 반응과 함께 '명경지수'의 출전에 해당한다. A, B, C의 세 가지 내용을 뭉뚱그려 '명경지수'(明鏡止水)라는 사자성어를 만든 것이다. 여기에서 거울은, 물이나 메아리와 함께 쓰여, 이상적인 인간의 움직임을 대변한다. 거울은 맑고 고요하다. 그래서 평소에는 지수(止水)와 같이 고요하지만 반응은 메아리처럼 즉각적이다.

"거울과 같은 반응"은 다른 곳에는 "虛而待物"(허이대물)이라고도 설명되고 있다. 그 의미는 "텅 빈 상태에서 외물을 기다린다"는 뜻이다.

> 주의를 한 곳에 집중하라.
> 귀로 듣지 말고 마음으로 들어라.
> 마음으로 듣지 말고 기(氣)로 들어라. (…)
> 기(氣)는 텅 빈 상태에서 외물을 기다리는 것이다.
> 오직 도(道)에만 허(虛)가 모인다.
> 허(虛)란 '심재(心齋)'를 말한다.*

여기에서 장자는 감각이나 마음으로 듣지 말고 "기로 들으라"고 말하고 있다. 그리고 기(氣)의 의미를 "허(虛)의 상태에서 외물을 기다리는 것"이라고 설명하고 있다. 그리고 다시 虛(허)의 의미를 심재(心齋)라고 부연하고 있다. '심재'는 "마음을 깨끗이 한

---

* 若一志, 無聽之以耳而聽之以心. 無聽之以心而聽之以氣. 耳止於聽, 心止於符. 氣也者, 虛而待物者也. 唯道集虛. 虛者, 心齋也. (『장자』「인간세」)

다"는 뜻이다. 기심(機心) 이야기에 나온 개념으로 하면 순백(純白)과 상통한다. 따라서 위에서 말하는 '텅빈 상태'는 허심을 가리킴을 알 수 있다.

"마음을 비운다"는 것은 나의 의지를 사용하지 않고 내 몸의 반응에 맡긴다는 의미이다. 그것을 "기로 듣는다"는 말로 표현한 것이다. 그렇다면 "虛而待物"(허이대물)은 "虛心待物"(허심대물)로 바꿔 써도 무방할 것이다. 그리고 待物(대물)은 『장자』에 나오는 익숙한 개념으로 하면 應物(응물)로 바꿀 수 있다. 예를 들면 다음과 같다.

　　應物而不窮. 외물에 반응해도 다함이 없다. (「천운」)

여기에서 '응물불궁'(應物不窮)은 "막힘없이 외물에 반응한다"는 뜻으로, 반응의 지속성을 의미한다. 인간 사회에서 이와 유사한 사례로는 포정해우(庖丁解牛)를 들 수 있다. 「제물론」에 나오는 포정 이야기는 숙달된 자가 얼마나 막힘없이 외물에 반응할 수 있는지를 비유적으로 보여준다. 포정은 왕 앞에서 소의 뼈와 살을 발라내는 퍼포먼스를 마친 뒤에 그 비결을 다음과 같이 말하였다.

저는 신(神)으로 소와 만나지 눈으로 보지 않습니다. 감각은 멈추고 신(神)이 나아가고자 합니다. 천리(天理)에 의지하여 … 원래 그런 것으로(固然) 말미암습니다. … 두께가 없는 칼로 사이가 있는 틈에 들어가니, 넉넉하고 널찍하여 칼을 놀리는데 여유가 있습니다. 그래서 19년이나 지났는데도 칼날이 새로 간 것처럼 멀쩡합니다.

여기에서 포정은 소를 눈(目)으로 보지 않고 신(神)으로 만났다고 밝히고 있다. 그리고 그런 상태에서 소의 천리(天理)에 따라 잘랐기 때문에 칼이 손상되지 않았다고 말하고 있다. 여기서 천리(天理)란 '타고난 결'을 말한다.

이상의 설명은 앞에서 본 "귀나 마음으로 듣지 말고 기로 들어라"는 말을 떠올리게 한다. 이때의 기(氣)가 이곳에서는 신(神)으로 표현되고 있다. 기(氣)나 신(神)은 모두 감각 작용이나 인식 작용에 의지하기보다는, 몸이 나아가고자 하는 대로 맡기는 상태를 의미한다. 물론 해우(解牛)와 같이 특정한 기술을 요하는 경우에는 고도로 숙련된 덕이 전제되어야 한다. 그 덕에 맡기면 막힘없이 외물에 반응할 수 있다고 장자는 생각한다.

한편 「지북유」편에는 '응물무방'(應物無方)이라는 표현도 나온다. '응물무방'은 "외물에 반응하지만 정해진 방향은 없다"는 뜻으로, 반응의 공정성을 의미한다. 거울의 비유로 말하면 "자신의 호오(好惡)에 따라 편향적으로 반응하지 않는다"는 말이다. 장자는 이러한 지속성과 공정성은 마음이 비어 있는 허심(虛心)의 상태에 있어야 비로소 가능하다고 생각하였다.

그래서 3세기에『장자』를 해석한 곽상(郭象)은 이것을 "허심-응물"로 정식화하였다. 예를 들면 다음과 같다.

> 마음을 비우고서 외물에 응하지 않고, 자기 생각을 부려서 어려운 일을 범한다. (不虛心以應物, 而役思以犯難.「인간세」)
>
> 지인은 자기 고집을 부려서 세상을 다스리지 않고, 마음을 비워서 외물에 응한다. (至人不役志以經世, 而虛心以應物.「인간세」)

여기에서 허심응물은 "이상적인 지도자(至人)가 세상을 다스리는 태도"로 제시되고 있다. 그것은 자기 뜻대로 다스리는 것이 아니라 세상 뜻대로 다스리는 자세를 말한다. 그리고 이런 자세가 잘 나타나 있는 대목이「제물론」에 나오는 '조삼모사' 이야기이다. 원숭이 조련사는 자기 의지대로 원숭이를 다루지 않고, 원숭이의 요구에 응할 뿐이다.

장자의 '허심응물론'은 이후에 중국의 신유학과 조선의 주자학에도 계승될 정도로 큰 영향력을 행사하였다. 예를 들면 율곡은 경포대에 올라가서 "虛心應物(허심응물), 觸事得宜(촉사득의)"라고 하였다.* "마음을 비워 외물에 응하니, 하는 일마다 마땅함을 얻는다"는 뜻이다. 동학을 창시한 최제우도 『동경대전』에서 "마음은 본래 텅 비어서(心兮本虛) 외물에 응해도 자취가 없다(應物無迹)"고 하였다(「탄도유심급」). 이렇게 보면 허심응물은 동아시아사상사의 핵심이라고 해도 과언이 아니다. 유럽에서 인식론이 발달했다면, 동아시아에서는 응물론이 발달한 것이다.

한편 장자는 이러한 허심응물적 리더는 "자기가 없다"고 표현하였다.

> 지인은 자기가 없고 신인은 공적이 없으며 성인은 이름이 없다.
>
> (至人無己, 神人無功, 聖人無名. 「소요유」)

여기에서 '지인'은 '최고의 경지에 이른 사람'으로 뒤에 나오는 '성인'의 다른 말이다. 그리고 "자기가 없다"는 말은, 브룩 지포린의 해석에 의하면, "고정된 아이덴티티가 없다"는 뜻이다. 즉 "無常己"(무상기)의 의미이다. 따라서 여기에서 부정되는 것은 기(己)

---

* 『栗谷先生全書拾遺』 卷之一, 賦, 「鏡浦臺賦」

그 자체가 아니라 상(常), 즉 고정성이다(여기에서 상(常)은 『도덕경』 1장과는 달리 부정적인 의미로 쓰인다).[*] 즉 장자는 고정된 자기를 부정적으로 보는 것이지 자기 그 자체가 없어야 된다고 말하는 것은 아니다.

이것은 마치 공자의 제자 자공이 공자를 평가하면서 "何常師 之有"(어찌 상사가 있겠는가! 『논어』 「자장」)라고 말한 것과 유사하다. 여기에서 상사(常師)란 '고정된 스승' 또는 '일정한 스승'의 의미이다. 따라서 부정되고 있는 것은 스승(師) 그 자체가 아니라 '고정된(常)' 스승(師)이다. 즉 공자는 어느 한 스승만 정해서(常) 배운 것이 아니라, 이 사람 저 사람을 가리지 않고 두루두루 배웠다는 뜻이다.

마찬가지로 장자가 말하는 성인은 정체성(identity) 자체가 없는 것이 아니라 하나의 정체성을 고집하지 않을 뿐이다. 그런 점에서는 하나의 스승을 고집하지 않는 공자와 유사하다. 다만 공자에게 있어서 사상적 정체성은 어디까지나 유학자였던 반면에, 장자가 말하는 성인은 그런 정체성 자체를 고정시키지 않는다는 점이 다르다. 공자는 스승은 하나로 고집하지 않았지만, 정체성

---

[*] Brook Ziporyn, *Ironies of Oneness and Difference: Coherence in Early Chinese Thought*(Albany: State University of New York Press, 2013), p21.

은 어디까지나 유학자였다. 바로 이 점이 유학과 장자의 결정적인 차이이다.

따라서 장자가 말하는 무기(無己)는 허심(虛心)의 다른 말로 볼 수 있다. 장자가 "마음을 비우라"고 할 때의 마음은 하나의 정체성을 고집하는 마음, 즉 성심(成心)을 가리키기 때문이다. '성심'은 "하나의 가르침에 속박되어 있는 상태"(束於敎)로, 달리 말하면 상사(常師), 즉 한 명의 고정된 스승을 고집하는 상태를 말한다.

장자의 이러한 성인관의 장점은 변화에 능수능란하게 대처하고 다양성을 무한하게 포용할 수 있다는 점이다. 그래서 사마천은 『사기』에서 도가를 논하면서 "與時遷移(여시천이) 應物變化(응물변화)", 즉 "시대와 함께 변천하고 외물에 응해서 변화한다"고 평가하였다. 허심(虛心)과 무기(無己)의 리더야말로 시대의 변화에 신속하게 대처하고 다양한 외물과 장애 없이 소통할 수 있다는 것이다. 그리고 7세기의 성현영은 이것을 허통(虛通) 개념으로 정식화하였다.(『노자의소』, 『장자소』)

한편 장자의 허통과 유사한 사상은 한국에서도 찾아볼 수 있다. 신라시대의 화랑정신으로 알려져 있는 '풍류'가 그것이다. 9세기 신라의 사상가 최치원은 신라의 문화를 풍류라고 소개하면서 풍류는 "삼교를 포함하고 있다"(包含三敎)고 설명하였다.

나라에 현묘한 도가 있으니 그것을 풍류라 한다.

가르침을 설파한 근원은 선사(仙史)에 상세히 나와 있는데

핵심은 삼교를 포함하고 군생을 접화한다는 것이다.

가령 들어가서는 집에서 효도하고 나와서는 나라에 충성하는 것은 노나라 사구(=공자)의 가르침이고,

무위의 일에 처하고 불언(不言)의 가르침을 행하는 것은 주나라 주사(=노자)의 종지이며,

어떤 악업도 짓지 않고, 모든 선행을 봉행하는 것은 인도 태자(= 붓다)의 교화이다.*

이에 의하면 풍류는 중국의 유교·불교·도교의 삼교를 말 그대로 모두 포함하는 새로운 도임을 알 수 있다. 그러나 최치원의 의도는 풍류가 삼교의 종합이나 근원임을 말하는 데 있다기보다는, 장자의 허무의 철학을 참고하면, 화랑에게는 유교나 불교 또는 도교와 같은 "고정된 정체성이 없다"는 점을 말하려는 데 있었다고 생각한다. 즉 일종의 '화랑무기'(花郎無己: 화랑은 자기를 고

---

* 國有玄妙之道曰風流. 說教之源, 備詳仙史. 實乃包含三教, 接化群生. 且如入則孝於家, 出則忠於國, 魯司寇之旨也. 處無爲之事, 行不言之教, 周柱史之宗也. 諸惡莫作, 諸善奉行, 竺乾太子之化也. (『삼국사기』 제4권 「진흥왕」)

집하지 않는다)인 것이다.

이것은 중국의 문화를 하나도 배제함이 없이 모두 수용하겠다는 문화 수용의 개방적 태도를 보여준다. 그리고 이러한 태도는 당시 당나라 문화의 국제성이나 다양성과도 상통한다. 다만 중국에서는 유불도(儒佛道) 삼교 이외에 제4의 도를 중국의 도로서 따로 설정하지 않았던 반면에, 최치원은 그것을 풍류로 상정하고 있는 점이 다를 뿐이다. 여기에는 당나라에 유학을 다녀온 최치원이 자신의 정체성을 고민한 흔적이 담겨 있다. 즉 중국과는 다른 한국의 정신문화를 개념화하려는 노력이 풍류로 표현된다.

최치원이 제시한 포함 정신은 이후에도 이어졌는데, 그것이 이른바 '회통'이다. 조선 후기의 다산 정약용은 유교와 그리스도교를 융합하여 "그리스도교적 유교"*를 탄생시켰고, 일제강점기의 이능화는 세상의 모든 종교가 근원에서는 하나로 통한다고 하는 백교회통(百敎會通)을 말하였다(1912년). 이어서 나온 원불교에서는 가급적 종교는 많이 가질수록 좋다고 하는 다교주의(多敎主義)를 표방하기도 하였다(원불교 창시자 소태산과 그의 제자 조옥정의 대화). 이것은 장자적으로 말하면 허무의 정체성을 바탕으

---

*   Kevin N. Cawley, "Traces of the Same within the Other: Uncovering Tasan's Christo-Confucianology"(『다산학』 24, 2014).

로 종교라는 외물에 응한 결과라고 할 수 있고, 최치원 식으로 말하면 풍류의 에토스를 가지고 모든 종교를 포함하려는 태도라고 할 수 있다.

3. 비움의 디자인*

한편 최근 들어 동아시아의 허무사상을 디자인과 접목시킨 기업이 있다. 그것이 바로 일본의 무인양품(無印良品)이다. 무인양품은 직역하면 "인(印)이 없는(無) 좋은(良) 제품(品)"이라는 뜻으로, 여기에서 "인(印)이 없다"는 말은 달리 말하면 "특징이 없다" 또는 "이렇다 할 브랜드가 없다"는 뜻이다. 그래서 무인양품은 영어로 "No Brand Quality Good"으로 번역한다. 실제로 무인양품의 상품은 심플하고 소박한 것으로 유명하다.

그런데 무인양품의 브랜드명이 시사하는 것은 심플하고 소박함 때문에 오히려 모든 변화와 다양성을 포함할 수 있다는 역설이다. 장자적으로 말하면 "이렇다 할 특징이 없기 때문에 모든 특징과 어우러질 수 있다." 그래서 무인양품은 가급적 디자인을

---

* 이 절은 《월간 공공정책》 150호(2018년 4월호)에 실린 조성환의 〈허무와 공공성〉을 수정한 것이다.

간결하게 하는 '무위디자인'을 표방한다.

　그러나 이것은 디자인을 줄이겠다거나 아예 하지 않겠다는 것이 아니라, 노장적으로 말하면 무(無)를 디자인하겠다는 뜻이다. 즉 문명을 디자인하는 것이 아니라 자연을 디자인하는 것이다. 채움이나 욕망이 아닌 비움이나 거울을 디자인의 모델로 삼는 것이다.

　이와 같은 무인(無印)의 철학은 무인양품의 정체성을 나타낸다. 그것은 특징이 없다는 정체성이다. 그런데 이런 정체성은 대단히 추상적이다. 딱히 손에 잡히는 내용이 없기 때문이다. 그래서 눈으로 볼 수 있는 시각화가 필요하다. 무인양품의 아트디렉터 하라 켄야(原研哉)는 그것을 비움으로 형상화하였다.*

　　지극히 합리적인 생산 공정에서 태어난 무인양품의 상품은 매우 간결하지만, 이것은 스타일에 있어서 미니멀리즘은 아닙니다. 다르게 말하자면 '텅 빈 그릇'과 같은 것입니다. 단순하면서도 여백이 있기에 사람들의 다양한 생각을 받아들일 수 있는 유연함이 그 속에서 태어날 수 있습니다. 자원절약, 저렴한 가격, 심플,

---

*　Kenya Hara, "Visualize the philosophy of MUJI"
　https://www.muji.com/us/flagship/huaihai755/archive/hara.html

익명성, 자연지향 등의 다양한 평가를 받고 있습니다만, 어느 한 쪽에 치우치지 않으며 이 모든 것을 마주하는 무인양품이 되고 자 합니다.*

이 글의 제목은 'What is Muji?'이다. 즉 무인양품의 정체성을 명시하고 있다. 그것을 하라 켄야는 '텅 빈 그릇'으로 형상화하였다. 무인이라는 없음의 철학을 비움(emptiness)으로 시각화한 것이다. 그리고 그 효용을 다양한 생각을 수용하는 유연성이라고 말한다.

무인양품의 무인(無印)은 바로 이러한 정체성을 말한다. 그것은 구체적인 내용이나 특징을 갖고 있는 '채워져 있는 정체성'이 아니라 하나의 가능성과 창조성으로서의 '비어 있는 정체성'이다. 그래서 무인은 장자가 말하는 무기(無己)와 상통한다. 무인이 특징 없는 특징을 의미하듯이 무기는 자기 없는 자기를 나타낸다. 그것은 자기다움이 없는 자기이다. 자기다움이란 특정한 내용과 개성이 있어야 한다. 그래서 자기다움이 없는 자기는 일견 소극적이고 진부한 것처럼 보인다.

---

* 무인양품의 홈페이지. http://www.muji.com/kr/about/

그러나 역설적으로 특징적인 자기다움이 없기 때문에 다른 모든 자기다움과 어우러질 수 있다. 장자 식으로 말하면 모든 상황(物)에 적응(應)할 수 있다. 마치 무색(無色)의 바탕은 모든 색을 받아들일 수 있는 것과 같다. 그래서 다양성을 포용할 수 있고 어디에나 통용되며 지속가능성이 있다. 없음의 아이덴티티는 가능성과 창조성뿐만 아니라 통용성과 영속성도 지니고 있다.*

무인양품의 비전이 "이것이 좋다"(これがいい)가 아니라 "이것으로 좋다"(これでいい)를 추구하는 이유도 여기에 있다. "이것이"에는 강한 자기 주장이 들어 있다. 주어를 나타내는 조사 '이'에는 근대적인 개인 관념이 반영되어 있기 때문이다. 거기에는 개인의 개성과 의지, 그리고 때로는 집착까지 담겨 있다. 그래서 '이'라는 말은 뚜렷한 자기 정체성을 표현한다.

반면에 "이것으로 좋다"는 '이것이면 됐다', '이것으로 충분하다'는 뜻으로, 여기에는 세계 전체를 위한 절제나 양보의 의미가 담겨 있다. 하라 켄야는 이것을 "한 발 물러선 이성" 또는 세계의 균형을 만들어 가는 "탄력적 이성"이라고 하였다. 세계 전체의 미래를 생각하여 인간의 욕망을 억제하는 이성이다. "나아가는

---

* 하라 켄야 지음, 민병걸 옮김, 『디자인의 디자인』(안그라픽스, 2007), 120쪽.

자기", "두드러진 자기"가 아니라 "물러서는 자기", "숨어있는 자기"인 셈이다. 그러나 이 물러섬과 감춰짐이 지속적인 나아감과 드러남을 보장한다.[*]

무인양품의 디자인이 'No Design'을 표방하는 것은 이러한 정체성을 추구하기 때문이다. 여기에서 'No Design'은 디자인을 하지 않는다는 뜻이 아니라 고도로 자연적인 디자인을 한다는 의미이다. 그것은 절제와 생략의 디자인이다. 그러나 단순한 절제나 생략이 아니라 미래지향적인 절제이자 창조적인 생략이다. 그래서 'No Design'은 "궁극적인 디자인"이다. 이것이 무지이즘(Mujiism)과 미니멀리즘(minimalism)의 차이이다.[**]

하라 켄야는 이와 같은 무지(MUJI)의 철학은 일본의 선불교에 기인한다고 말한다. 그러나 내가 볼 때 그 뿌리는 노장의 허무철학이다. 그것이 일본에 건너가서 선불교로 구현되었고, 그것이 다시 무인양품으로 디자인된 것이다.

한편 무인양품과 마찬가지로 노장의 허무사상을 디자인으로 승화시킨 예로는 일본의 건축가 안도 타다오(安藤忠雄, 1941~)를 들 수 있다. 그는 9·11 테러로 폐허가 된 '그라운드 제로(Ground

---

[*] 위의 책, 121~124쪽.
[**] 위의 책, 121쪽.

Zero)'에 지을 건축물을 공모하는 공모전에서 "아무것도 짓지 말 것"을 제안하였다. 제2의 세계무역센터는 또 다른 테러의 대상이 될 뿐이라는 것이다. 그래서 지금 우리에게 필요한 것은 "아무것도 짓지 않을 용기"라고 말하였다(what we need now is the courage to construct nothing more).*

그 대신에 희생자들을 추모할 수 있고 아이들이 뛰놀 수 있는 "나지막한 언덕"을 만들 것을 제안하였다. 이것은 노장적으로 말하면 일종의 "허무(虛無)를 짓자"는 말에 다름 아니다. 눈에 보이는 실유(實有)의 건축이 아닌, 눈에 보이지 않는 허무(虛無)의 건축, 무위(無爲)의 건축을 하자는 것이다. 무인양품 식으로 말하면 무인(無印)의 건축을 제안한 것이다. 무(無)는 테러의 대상이 될 수 없기 때문이다. 여기에서 안도 타다오는 허무의 철학을 치유와 평화의 사상으로 연결시키고 있다.

지금까지 살펴본 바와 같이, 노장의 허무 철학은 때로는 문명의 조건을 설명하는 철학으로, 때로는 변화에 대응하는 응물의 철학으로, 때로는 타자를 수용하는 포용의 철학으로 다양한 형

---

* http://spenceralley.blogspot.com/2009/02/ando.html

태로 전개되었다. 심지어는 상품과 연결되어 허무의 디자인으로 구현되었고, 예술로 표현되어 평화의 철학으로 승화되기도 하였다. 이들의 뿌리가 전부 노장철학이라고는 할 수 없겠지만, 동아시아에 이런 허무의 철학이 집요저음처럼 깔려 있다는 사실은 확인할 수 있다.

03 —————

자연스러운
정치를 꿈꾸다

김현주

1. 무위와 유위, 그들의 관계는?

노자가 누구인가, 언제 태어났는가, 실존하는가 등은 물론, 그의 글에 대한 해석조차 무엇 하나 확실한 것이 없다. 그럼에도 불구하고 그의 사상은 고대부터 지금까지 중요한 의미가 있다. 노자는 춘추전국시대의 사상가이지만, 당나라 때에도, 한나라 초기에도 무시할 수 없는 정치적 영향력을 행사하였다. 그리고 그것은 지금의 중국에서도 마찬가지이다. 『노자』 또는 『도덕경』은 70개 언어로 번역되어 읽히고 있다. 요즘처럼 세계적으로 중국을 혐오하는 정서가 심해지고 있음에도 불구하고 노자에 대한 사랑은 변함이 없다. 공자를 비롯하여 중국을 대표하는 철학자는 많지만 『노자』만큼 함축적인 사상은 없고, 따라서 시대와 장소에 따라 여러 가지 해석이 가능하기 때문이라고 생각한다. 시대마다, 국가마다, 지역마다 각각 주요한 이슈가 존재하고, 사상과 철학은 그것을 해결하기 위한 열쇠를 제공하기 때문이다.

춘추전국시대를 '제자백가(諸子百家)의 시대'라고 하는데, 당시 수많은 사상가들이 시대의 난제를 풀기 위해 저마다의 해법을 내놓았고, 공자나 노자도 그중 한 사람이었다. 특히 노자는 그 난제를 풀 수 있는 주체가 통치차라고 보았고, 그에게 '이렇게 하면 백성도 그것을 따라서 이렇게 하게 될 것이고, 그렇게 되면 세상이 평화롭게 될 것'이라고 조언하였다. 그러나 노자의 해법은 공자의 그것과는 사뭇 달랐다. 노자의 방식을 따른 또 다른 사상가가 바로 장자인데, 그들을 합쳐 '노장'(老莊)이라고 부른다. 그리고 공자와 그의 해법을 따르는 이들을 유가(儒家) 또는 유자(儒者)라고 부르고, 그들의 학문을 '유학'(儒學)이라고 부른다. 노장은 항상 '도'를 핵심 키워드로 사용하기 때문에, 그들을 '도가'(道家)라고도 부른다. 도가와 유가는 이렇게 당시 제자백가들 중에서도 가장 두드러진 사상 유파였다. 도가와 유가는 특히 정치사상에서 큰 차이를 보였다. 즉 나라를 다스리는 방식이 사뭇 달랐다. 유가나 도가나 인간의 본성을 중시한 점은 같지만, 그것에 대한 태도가 달랐기 때문에, 인간들이 모여 만든 사회나 국가를 운영하는 방식에서 다른 해법을 내놓은 것이다. 유가는 인간의 도덕적 품성을 자극하여 그들의 자발적 참여를 유도하고자 했다. 그래서 유가 사상의 본질을 '민본주의'라고 한다. 그러나 노자는 그보다 더 본질적인 지점에서 출발한다. 인간이 태어나기

전, 우주가 생성되기 전부터 시작하여, 인간과 자연, 사회와 국가에까지 하나의 흐름이 있다고 보고, 그것을 일관되게 관통하는 것이 도(道)라고 얘기한다. 그리고 그것을 꿰뚫는 자야말로 제대로 된 정치를 할 수 있다고 말한다. 유가에 비해 도가는 너무나 심오하다. 아무나 이해하지 못할 것이 분명하고, 그리고 아무나 이해해서도 안 된다고 노자나 장자는 말한다.

그런 노자의 정치사상을 한마디로 표현하면, '무위이치'(無爲而治), 즉 무위를 통한 정치이다. 그런 만큼 무위는 노자 정치사상의 핵심 개념이다. 그리고 무위를 이해하기 위해서는 유위(有爲)에 대한 이해가 선행되어야 한다. 우선 무위와 유위 각각의 개념에서 그 성격을 규정하는 무(無)와 유(有)가 어떤 의미인지 알아보아야 한다. 『노자』는 무와 유에 대해 다음과 같이 말한다.

무는 천지의 시작을 말하고, 유는 만물의 어머니를 말한다.*

노자는 무는 '천지의 시작'이고, 유는 '만물의 어머니'라고 말한다. 이것은 무와 유가 한 짝이라는 의미이다. 『노자』 2장에서는

---

* "無, 名天地之始; 有, 名萬物之母." (『노자』 제1장)

양자의 관계를 더 자세히 말해준다.

> 천하는 모두가 아름다움을 아름다움이라고 알지만, 이것은 추함
> 일 뿐이다.
>
> 모두가 선함을 선함이라 알지만, 이것은 선하지 않을 뿐이다.
>
> 그래서 유와 무는 서로 낳고, 어려움과 쉬움은 서로 이룬다.
>
> 길고 짧음은 서로 비교되고, 높고 낮음은 서로 대비된다.
>
> 곡조와 소리는 서로 화합하고, 앞과 뒤도 서로 따른다.
>
> 이 때문에 성인은 무위의 일에 처하고, 말하지 않는 가르침을 행
> 한다. 만물이 자라는 것을 보고 자신이 시작했다고 하지 않고,
>
> 생기게 해도 소유하지 않으며,
>
> 공이 이루어져도 거기에 머물지 않는다.
>
> 머물지 않으니까 사라지지도 않는다.*

이 모든 것이 도(道)라는 말로 압축될 수 있는데, 도를 행하면
만물이 이루어질 수 있다. 그래서 노자는 "도는 하나를 낳고, 하

---

* 天下皆知美之爲美, 斯惡已. 皆知善之爲善, 斯不善已. 有無相生, 難易相成, 長短相
形, 高下相傾, 音聲相和, 前後相隨. 是以聖人處無爲之事, 行不言之教. 萬物作焉而
不辭. 生而不有, 爲而不恃, 功成而弗居. 夫唯弗居, 是以不去. (『노자』 제2장)

나는 둘을 낳고, 둘은 셋을 낳고, 셋은 만물을 낳았다."*라고 말한 것이다.

노자의 유와 무는 대대(待對, 상호의존)적인 개념이지, 대립(對立)적인 개념이 아니다. 서로 밀접한 연관이 있고, 떼려야 뗄 수 없다. 서로는 서로가 없이는 그 의미를 완성하지 못한다. 아름다움과 추함, 어려움과 쉬움, 길고 짧음, 높고 낮음 등 우리에게 너무나 대립적으로 보이는 모든 것들이 다 그런 관계로 이어져 있다. 물론 무위도 유위와 대대 관계에 있다. 그러므로 그 둘의 관계를 잘 이해해야 비로소 노자의 무위사상을 제대로 이해할 수 있다. 지금까지는 그 둘의 관계를 대체로 대립적인 것으로 오해했기 때문에 무위가 무엇인지 잘 알 수 없었고, 그렇기 때문에 무위를 실현하는 것은 더욱 어려웠다.

2. 도로서의 무위란?

결국 무위는 도의 내용인 셈이다. 앞에서 얘기한 것처럼, 무위는 유위와 밀접한 관계를 맺고 있다. 많은 사람들이 무위를 아무

---

* 道生一, 一生二, 二生三, 三生萬物. (『노자』 제42장)

것도 하지 않는 것 또는 유위를 하지 않는 것으로 알고 있지만, 사실 그와 반대로 무위는 겉으로 드러나지 않는 유위를 '무척이나 많이' 하는 것을 의미한다. 물론 주의할 점은 결코 겉으로 드러나지 않아야 한다는 점이다. 그것이 드러나는 순간, 그것은 곧 유위로 전락하고, 그렇게 되면 그것은 더 이상 노자가 말하는 "도"가 되지 못한다. 이것이 핵심이다. 그리고 그렇기 때문에 무위정치를 실현하는 것은 평범한 사람들이 해낼 수 없는 고도의 정치술인 것이다.

그런데 무위의 정치를 실현하기 위해서 구체적으로 무엇을 열심히 해야 할까? 그것은 『노자』 3장을 보면 알 수 있다.

재능을 높이 사지 않으면, 백성은 다투지 않는다.

얻기 힘든 물건을 귀하게 여기지 않으면, 백성은 도둑질 하지 않는다. 갖고 싶은 것을 자랑하지 않으면, 민심이 혼란해지지 않는다.

그러므로 성인의 정치는 그 마음은 비우고, 그 배는 부르게 한다. 그 뜻은 약하게 하고, 그 뼈는 강하게 한다.

항상 백성이 무지하고 무욕하게 하고, 아는 자가 감히 하지 못하도록 한다.

무위를 행하면 다스려지지 않는 것이 없다.*

　"재능을 높이 사지 말라, 얻기 힘든 물건을 귀하게 여기지 말라, 갖고 싶은 것을 자랑하지 말라"고 노자는 주문한다. 그리고 비우고, 약하게 하고, 무지하고, 무욕하고, 무위하라고 얘기한다. 노자는 재능, 부유, 신분 등 보통 사람들이 사랑하고 욕구하는 것들을 중요시하지 않는 것이 통치자의 바른 자세라고 말하는 것이다. 이것은 전혀 상식적이지 않다. 우리는 태어나서 죽을 때까지 열심히 일을 하려고 하고, 돈, 명예, 부를 차지하려고 아등바등한다. 그리고 그렇게 함으로써 칭찬받고 존경받는다. 여기서 노자를 오해하지 말아야 할 것이 있다. 노자가 백성들에게 좋은 것, 맛있는 것, 귀한 것을 취하려고 하지 말라고 하는 것이 아니다. 노자는 금욕주의자가 아니다! 노자가 말하는 대상은 통치자이다. 이미 많이 알고 있고, 많이 갖고 있고, 높은 자리에 있는 그분, 군주에게 하는 말이다. 지금으로 얘기하자면, 대통령에게 하는 말이다. 그리고 공인이라고 불릴 수 있는 사람들에게 하는 말

---

*　不尚賢, 使民不爭 ; 不貴難得之貨, 使民不爲盜 ; 不見可欲, 使民心不亂. 是以聖人之治, 虛其心, 實其腹 ; 弱其志, 強其骨. 常使民無知無欲, 使夫智者不敢爲也. 爲無爲, 則無不治. (『노자』 제3장)

이다. 그들의 말과 행동은 대중(백성)에게 중대한 영향력을 끼친다. 그들이 재능, 명품, 신분 등을 중시하면, 결국 '지나친' 숭배로 이어질 가능성이 커진다. 그리고 그것을 증명하기 위해 사람들은 서로 싸울 것이고, 그 결과는 불을 보듯 뻔하다. 이미 우리 사회에 만연하지 않은가? 그래서 노자의 무위 사상이 혜안이라고 말하는 것이다. 그의 지혜는 수천 년이 지난 지금에도 유효하다.

노자는 특히 재능에 대한 숭상을 경고했다. 노자와 달리 묵자(墨子)는 상현(尙賢)을 주장했다. 상현이란 재능 있는 사람을 중시한다는 의미이다. 묵자가 상현을 주장한 이유는 재능 있는 사람이 나라를 다스려야 한다고 생각했기 때문이다. 묵자를 추종하는 무리를 묵가라고 하는데, 묵가의 우두머리는 무리 중에서 가장 똑똑한 사람이었다. 그를 '거자'(巨子)라고 하는데, 그가 옳다는 것을 모두가 따라야 한다. 이것을 '상동'(尙同)이라고 한다. 묵가 사회는 거자(巨子)라는 우두머리를 중심으로 위계적이고 통일적인 공동체를 이루며 살았다. 그렇기 때문에 거자를 비롯해서 모든 구성원의 재능과 지혜는 매우 중요한 것으로 인식되었다.

노자의 생각은 묵자와는 정반대이다. 노자는 '불상현'(不尙賢)을 주장했다. 재능, 지혜, 물질적 부는 모두가 좋아하는 것이다. 굳이 강조하지 않아도 누구나 그것을 얻고자 노력한다. 그래서 경쟁과 갈등이 끊이지 않는 법이다. 그러므로 노자는 재능이나 지혜를 높이 사는 것을 경계했다. 다들 능력이 있고, 다들 지혜가 있는 세상은 과연 평화로운 세상일까? 그렇게 되면 남보다 더 능력을 가지려고 할 것이고, 남보다 더 똑똑해지려고 할 것이다. 그래야 더 위로 올라갈 수 있기 때문이다. 그리고 그 과정이 너무나 힘들었기 때문에, 얻기 힘든 물건을 소유한 것을 남들에게 자랑하곤 한다. 내가 이만큼 벌어서 이런 비싸고 귀한 것을 갖고 있다고 자랑함으로써 보상받고 싶어 한다. 그것이 존경심과 공경심을 낳기보다는 오히려 시기심과 질투심을 낳게 된다. 능력과 지혜가 없어서 어떻게 해도 그것을 소유할 수 없는 자들은 그것을 자기도 갖고 싶어서 스스로를 혹사하거나, 힘으로라도 남이 이미 가진 것을 뺏고 싶어 한다. 그것은 오늘날 우리 사회를 보면 잘 알 수 있다. 언젠가 방송의 한 프로그램에서 어떤 출연자가 집에 명품백이 많은 것을 자랑한 적이 있다. 많은 시청자는 그것을 부러워하기 보다는 거부감을 느꼈다. 결국 그 집은 누군가의 신고로 세무조사를 받았다.

만일 그런 일이 정치에서 일어난다면 어떻게 될까? 요즘 TV를 보면, 정치인들이 연일 자신이 어떤 일을 이렇게 잘 했다고 홍보하는 장면이 나온다. 그런데 그것을 본 많은 사람들은 '자연스럽지 않다.'고 느낀다. 나아가 거부감을 갖기도 한다. 결국 그것은 정치에 대한 혐오와 불신을 낳는다. 그것이 쌓이면 사회에 대한 불만이 되고, 시간이 지나면 체제 자체에 대한 불신으로 전환된다. 그 최후는 체제의 전복, 즉 혁명이다. 그러므로 '정치의 신'이라고 할 수 있는 성인은 사회에 그런 욕심과 경쟁이 일어나지 않도록 하는 것이다. 그것이 바로 '무위'이다. 그것을 위해서는 그런 마음이 애초에 생기지 않도록 해야 하고, 각자 스스로 원하고 할 수 있는 것을 하는 것에 만족하도록 해야 한다. 하지만 전쟁이 났을 때는 용감하게 나가 싸워야 하기 때문에 "그 뼈는 강하게" 해야 한다. 그것은 욕구를 적절히 조절해야 하지만, 욕구를 아예 금지해서는 안 된다는 것을 의미한다. 그리고 그 모범이 바로 성인 자신이므로, 스스로 재능을 높이 사지 않고, 얻기 힘든 물건을 귀히 여기지 않고, 갖고 싶은 것을 자랑하지 않아야 한다. 그것을 노자는 "마음을 비운다"라고 표현한다. 백성의 마음을 비우는 것이 아니라 군주 자신의 마음을 비워야 한다고 말이다.

그러므로 "도는 항상 무위하지만 하지 않는 것은 없고, 제후가 그것을 지키면 만물이 스스로 변화한다."* 이것은 결코 쉽지 않은 일이다. 그러므로 단순한 '도'가 아니라 '대도'(大道)라고 하는 것이다.

---

* 道常無爲而無不爲. 侯王若能守之, 萬物將自化.(『노자』37장)

누구나 자신만의 분야에서 자신만의 방법을 갖고 있다. 세상에는 많은 달인들이 존재한다. 각자 자신의 '도'를 갖고 있는 셈이다. 그러나 정치의 도는 많은 시간을 할애한다고 해서 성취되는 것이 아니다. 그러므로 "말할 수 없는 도"이다. 그것은 가르쳐줄 수도 없다. 하지만 원칙은 있다. 그것이 무위(無爲)이다. 무위는 불위(不爲)가 아니다. 즉 아무것도 하지 않는 것이 아니다. 하긴 하되 '잘' 해야 한다는 얘기이다.

> 만물이 그것에 의지하여 태어나지만 자기가 시작했다고 하지 않고,
> 공을 이루어도 소유한다고 하지 않고,
> 만물을 기르지만 주인이 되지 않는다.[*]

'잘' 해야만 만물이 무위를 통해 태어나고, 세상의 모든 공이 이루어지고, 백성들이 아무 생각 없이 자신의 일에 전념할 수 있다. 그것을 위해서는 우선 일일이 백성들이 신경 쓰지 않게 착착 일이 물 흐르듯이 이루어지도록 해야 한다. 그것을 위해서는 성

---

[*] 萬物恃之而生而不辭, 功成不名有, 衣養萬物而不爲主. (『노자』 34장)

인 자신은 부지런히 일해야 한다. 그것은 유가의 성인들도 마찬가지이다. 유가의 성인 중에서 우임금은 치수(治水)를 잘한 것으로 유명하다. 지금도 중국의 황하는 홍수와 범람으로 엄청난 피해를 양산하고 있다. 우임금 당시의 황하 사정은 지금보다 더 열악했을 것이다. 그러나 우임금은 비가 와서 강이 범람하기라도 하면, 자신이 손수 강으로 뛰어들어 백성들과 함께 강둑을 쌓았다. 그래서 그의 형상을 본뜬 동상은 삿갓을 쓴 농부의 모습을 하고 있다.*

하지만 노자의 성인에게 더 중요한 것은 그렇게 열심히 일했지만, 절대 자랑해서는 안 된다는 것이다. 자신이 한 사실을 아무도 모른다면 더 '좋은 정치'를 실현한 것이라 할 수 있다. 아무것도 안 한 듯, 누구도 안 한 듯한 정치가 바로 무위의 정치이다. "내가 했다."라고 자랑하지 않는 것은 힘든 일이다. 그것을 참는 것은 그만큼의 수양이 필요하다. 그러므로 그것을 '성인의 도'라고 하는 것이다. 그래서 노자는 여러 대목에서 그 점을 누누이 강조한다.

---

* http://k.sina.com.cn/article_6423324644_17edc27e4001002ifk.html(검색일: 2022.06.30.)

성인은 (뭔가를) 하지만 자랑하지 않고,

공을 이루어도 안주하지 않으며,

현명하게 보이려고 하지 않는다.[*]

그렇다면 성인은 왜 무위를 하는 것일까? 그것은 『노자』 64장을 보면 짐작할 수 있다.

하는 자는 그것을 실패하고, 집착하는 자는 그것을 잃는다.

이것이 성인이 무위하는 까닭이다. 그러므로 실패하지 않는다.

집착하지 않으니 잃지 않는다.

백성이 일을 할 때에는 항상 조금은 성공해도 실패하는 것이 있다. 처음부터 끝까지 신중하면 실패하는 일이 없다.

이것으로 성인은 욕구하기도 하고 욕구하지 않기도 한다.

얻기 어려운 물건을 소중히 여기지 않는다.

배우지 않은 것을 배워, 여러 사람이 지나간 곳을 다시 가고,

만물이 자연스럽게 되도록 돕지만 억지로 하지는 않는다.^{**}

---

[*] 聖人爲而不恃, 功成而不處, 其不欲見賢. (『노자』 77장)
^{**} 爲者敗之, 執者失之. 是以聖人無爲, 故無敗; 無執, 故無失. 民之從事, 常於幾成而敗之. 愼終如始, 則無敗事. 是以聖人欲不欲, 不貴難得之貨; 學不學, 復衆人之所過, 以輔萬物之自然而不敢爲. (『노자』 64장)

성인이 무위를 하는 이유는 정치에서 실패하고 싶지 않고, 권력을 잃고 싶지 않기 때문이다. 무위를 하지 않았다는 것은 유위를 했다는 것이고, 그것은 자신의 공을 드러냈다는 것이다. 공을 드러내는 사람들은 누구나 공만 드러내고 싶겠지만, 공과 함께 과실도 드러나게 마련이다. 그렇게 되면 자신의 공과를 사람들이 따지고, 득보다 실이 더 많게 된다. 결국 그동안의 노력이 물거품이 될 것이고, 그렇게 되면 공을 잃어버리게 된다는 논리이다. 인기가 치솟았다가 갑자기 불거진 불미스러운 일로 하루아침에 모두 잃어버리는 연예인이나 정치가들을 우리는 수시로 뉴스에서 목격한다. 어느 시대나 정치가들은 보통 사람들의 지지를 먹고 사는 법이다. 그런데 절대 변하지 않을 것 같았던 사람들의 지지를 한순간에 잃어버리는 것은 그것을 과대 포장했거나, 아니면 기만했기 때문인 경우가 많다. 그런 경우 실망이 커서 사랑이 순간 증오로 빠르게 바뀐다. 그러므로 성인은 억지로 자신을 자랑하지 않고, '자연스럽게' 일이 이루어지도록 하는 것이다. 그리고 그것이 바로 '무위'의 묘미이다.

3. 노자가 말하는 자연은?

노자의 무위는 만물의 자연으로 나타난다. 자연이란 무엇일까?

'자연(自然)'은 노장 사상의 핵심 개념이다. 그래서 자연에 대한 해석도 각양각색이다. 게다가 자연을 얘기한 것이 노자만은 아니다. 노자 이후 『장자(莊子)』, 『순자(荀子)』, 『한비자(韓非子)』, 『여씨춘추(呂氏春秋)』, 『춘추번로(春秋繁露)』, 『회남자(淮南子)』, 『문자(文子)』, 『논형(論衡)』 등 여러 책에서 모두 자연을 얘기하였다. 그리고 왕필(王弼)(『老子注』), 하상공(河上公)(『道德真經河上公注』), 곽상(郭象)도 각각 『노자』에 주석을 달면서 자연에 대해 설명했다. 이 세 사람은 명실공히 노자 전문가로 알려져 있으니, 그들의 해석은 후대 연구자들에게 더 중요할 수밖에 없다.

특히 하상공은 "도법자연"(道法自然)을 "도성자연"(道性自然)으로 해석하였다는 점이 특징적이다. 『노자』의 "인법지(人法地), 지법천(地法天), 천법도(天法道), 도법자연(道法自然)"의 법(法)을 어떻게 보느냐에 따라 해석이 달라진다. 그러므로 그 해석과 관련해서 논란이 많다. 크게 보면 '법'을 내재적인 것으로 볼 것인가, 아니면 외재적인 것으로 볼 것인가의 문제이다. 전한 시대 노자 연구자인 하상공은 자연을 도(道)의 성(性)으로 보았다. 즉 내재적인 것으로 본 것이다.

그런데 자연을 성(性)과 연관시킨 것은 순자가 먼저이다.

나면서부터 그런 것을 성이라 한다. (生之所以然謂之性)

일삼지 않아도 스스로 그런 것을 성이라 한다. (不事而自然謂之性)

(『순자』「정명(正名)」)

노자의 자연은 정말 순자나 하상공이 말한 것과 같이 성(性)을
의미하는 것일까? 그것을 판단하기 위해서는 『노자』에서 자연을
언급한 부분을 살펴봐야 한다.

도는 존경스럽고 덕은 귀하다.

아무도 명령하지 않지만 항상 스스로 그러하다(自然). [*]

백성은 모두 "내가 스스로 이렇다(自然)"고 말한다. [**]

여기에서 노자는 자연을 "스스로 그런 것"이라고 분명하게 말
하고 있다. 그것을 인간에게 적용하면 인간의 본성이라고 해석
할 수도 있지만, 노자가 말하는 것은 그보다 더 넓은 의미라는 것
을 알 수 있다. 인간의 본성뿐만 아니라 정치, 사회, 그리고 우주

---

[*] 道之尊, 德之貴. 夫莫之命而常自然. (『노자』 51장)
[**] 百姓皆謂我自然. (『노자』 17장)

에까지 적용된다. 특히 정치에 적용되는 자연은 도와 덕이 실현되는 상태를 의미하지만, 그것이 전혀 이상하지 않아야 한다. 그리고 그것을 위해서는 정치의 특별한 기술이 필요하다.

그래서 노자는 정치를 할 때는 요리를 할 때처럼 해야 한다고 말한 것이다.

대국을 다스리는 것은 작은 생선을 요리하는 것과 같다.[*]

이것은 생선을 요리한 경험이 있는 사람이라면 쉽게 공감할 수 있다. 생선을 요리할 때 자꾸 뒤집으면 생선요리는 엉망이 되어 버린다. 생선을 뒤집는 행위가 바로 유위이다. 생선요리에서의 유위는 생선 본연의 모습을 망가뜨리고 만다. 제대로 된 생선요리는 그러므로 생선을 뒤집지 않은 채로 요리한다. 그렇기 때문에 생선요리는 특히나 많은 참을성을 요구한다.

그것은 또 물이 흐르듯 하는 것으로 비유할 수도 있다. 그러므로 노자는 "최고의 선은 물과 같다."(上善若水)고 말하였다.

[*] 治大國若烹小鮮. (『노자』 60장)

최고의 선은 물과 같다. 물은 만물을 이롭게 하지만 다투지 않는다. 많은 사람이 싫어하는 곳에 머물기 때문에, 도에 가깝다. 머물 때는 땅을 잘 고르고, 마음은 깊이가 있고, 함께 할 때는 어질고, 말할 때는 믿음이 있고, 정치는 잘 다스리고, 일은 능숙하게 하고, 움직임은 때를 잘 가린다. 오로지 다투지 않으니, 잘못이 없다.*

물은 낮은 곳에 머물지만 불평하지 않는다. 반면에 사람들은 낮은 곳에 머물고 싶어 하지 않는다. 그렇지만 성인은 다르다. 성인이라면 낮은 곳에 머물러야 한다. 낮은 곳에 머문다는 것은 상황을 잘 가리고, 신중하게 생각하고, 어질게 행동하며, 신뢰를 주어야 한다는 것을 의미한다. 정치는 정치 나름대로 잘 해야 하고, 자신이 맡은바 일도 훌륭하게 해내야 한다. 그것은 누가 봐도 훌륭한 일이다. 그렇지만 성인은 그것을 자랑하지도 않고, 자기 공이라고 우기지도 않는다. 그냥 세상이 이렇게 잘 돌아가는 것이 사람들이 당연하다고 여기도록 한다. 그것이 물과 같은 정치이고, 그것이 "원래 그런" 자연스러운 모습이다. 그리고 그것

---

* 上善若水. 水善利萬物而不爭, 處衆人之所惡, 故幾於道矣. 居善地, 心善淵, 與善仁, 言善信, 正善治, 事善能, 動善時. 夫唯不爭, 故無尤. (『노자』 8장)

이 가장 좋은 정치이다.

노자가 살았던 춘추전국 시기는 천자(天子)라는 상징적인 존재가 있었음에도 불구하고 혼란과 분열이 오랫동안 계속되었던 시기이다. 잦은 전쟁으로 들판에는 죽은 백성들의 백골이 여기저기 나뒹굴었다. 살아남은 자도 고생이 이만저만이 아니었다. 이런 상황에서 백성들은 행복을 애기할 수도, 꿈꿀 수도 없었다. 사는 것 자체가 고통이고 지옥이었다. 그래도 통치자들은 계속해서 자기 세력을 넓히고 싶어 했고, 그래서 더더욱 전쟁이 끊이지 않았다. 이런 상황에서 노자는 좋은 정치를 무위(無爲) 개념으로 제안한 것이다. 노자의 무위를 이해하려면 이런 역사적 배경을 제대로 알아야 한다.

노자는 다음과 같이 말하였다.

무위(無爲)를 하고 무사(無事)를 일삼는다.*

여기에서 무사(無事)란 무엇일까? 직역하면 '일 없음'이다. 일이 없다는 것은 일상적인 의미로는 좋지 않은 것이다. 요즘 젊은이

---

* 爲無爲, 事無事. (『노자』 63장)

들에게 "지금 가장 원하는 것이 무엇인가?" 하고 물으면, "취업!" 이라고 말한다. 지금은 취업난이 심각하기 때문이다. 우리 착한 젊은이들은 이렇듯 일을 하고 싶어 하고, 그래서 사회에 일자리가 많기를 원한다. 그러나 노자가 말하는 일 없음의 '일'은 우리가 얻고 싶어 하는 그 일자리가 아니다. 노자의 일은 굳이 하지 않아도 되는 일이고, 백성들에게 그것은 전쟁에 관련된 일을 의미한다.

그러므로 노자는 다음과 같이 말하였다.

천하를 얻는 것은 항상 무사(無事)로써 한다.
유사(有事)에 이르면 천하를 얻기에는 부족하다.*

천하를 얻는 방법은 일반적으로 국가의 부강을 실현하는 것이라고 생각된다. 현대 국가들도 너도나도 그것을 위해 노력한다. 경제력이 받쳐 주는 나라는 빠짐없이 국방비를 늘리고, 항상 전쟁을 대비한다. 물론 나라를 지키기 위해서는 그것도 중요하다. 그러나 그보다 더 중요한 것이 있다. 노자는 그것을 '백성의 마

---

* 取天下常以無事, 及其有事, 不足以取天下. (『노자』 48장)

음'이라고 생각했다. 그래서 그는 다음과 같이 말하였다.

성인은 항상 마음이 없고, 백성의 마음을 마음으로 삼는다.[*]

그동안 많은 사람들이 노자를 오해해 왔다. 백성을 바보로 만들어서, 쉽게 정치를 하려는 사람으로 말이다. 그것은 『노자』의 다음과 같은 말 때문이다.

천지는 불인(不仁)하여 만물을 추구(芻狗)로 삼는다.
성인은 불인(不仁)하여 백성을 추구(芻狗)로 삼는다.^{**}

'추구'(芻狗)는 고대에 제사를 지낼 때 쓰던 짚으로 만든 개다. 추구는 제사가 끝나면 쓸모가 없으니 태워 버린다. 성인이 백성을 추구로 여긴다는 것은, 백성을 쓰고 버리는 물건이라고 생각하는 것으로 이해하기 쉽다. 그러나 그 뒤의 구절을 함께 읽어야 그 의미를 제대로 이해할 수 있다.

---

[*] 聖人恒無心, 以百姓之心爲心.(『노자』 49장)
^{**} 天地不仁, 以萬物爲芻狗 ; 聖人不仁, 以百姓爲芻狗.(『노자』 5장)

천지는 불인하여 만물을 추구로 삼는다.

성인은 불인하여 백성을 추구로 삼는다.

하늘과 땅 사이에서 그것은 풀무와 같은 것인가?

비어 있지만 다함이 없고, 움직일수록 더 나온다.

많이 말할수록 더 궁하게 하고, 중(中)을 지키는 것만 못하다.[*]

  천지와 성인이 같이 얘기된 것은 그 둘의 성격이 같기 때문이다. 천지와 성인이 모두 불인(不仁)하다는 것은 만물과 백성을 각각 편애하지 않는다는 의미이다. 누군가를 편애한다는 것은, 반대로 누군가는 미워한다는 것이다. 그러나 성인은 그래서는 안 된다. 성인은 백성이라면 누구나 사랑해야 한다. '누구나'라는 것을 더 넓게 확장해서 '천지'라고 말한다. 천지는 하늘과 땅으로 표현된다. 그래서 그것을 하늘과 땅 모두를 위해 풀무질을 하는 것이라고 비유한 것이다. 그러기 위해서는 성인은 스스로는 사적인 마음을 가져서는 안 되고, 비워야 한다. 그래야 바람이 더 많이 나온다. 그런 상태가 바로 수중(守中)이다.

  그리고 무엇인가 결정해야 한다면, 그리하여 정령(법)을 만들

---

[*] 天地不仁, 以萬物爲芻狗;聖人不仁, 以百姓爲芻狗.天地之間, 其猶橐籥乎? 虛而不屈, 動而兪出.多言數窮, 不如守中. (『노자』 5장)

어야 한다면, 자신의 마음이 없는데 무엇을 가지고 판단할 것인가? 그때 백성의 마음이 필요하다. 그것을 자신의 마음으로 삼아서 결정해야 한다고 노자는 말하는 것이다.

그렇다면 백성들은 일을 만드는 것을 좋아할까? 인간 사회에서 가장 큰 일은 전쟁이다. 백성들은 언제나 전쟁을 싫어한다. 그러나 때에 따라서는 전쟁을 피할 수 없는 경우도 있다. 오늘날에도 전쟁은 세계 도처에서 일어난다. 요즘 세계인의 관심을 받고 있는 전쟁은 우크라이나와 러시아의 전쟁이다. 그것을 보더라도, 누군가는 전쟁을 적극적으로 일으키지만, 그 대상이 된 국가는 어쩔 수 없이 전쟁을 해야 한다는 것을 알 수 있다.

같이 맞서지 않으면 다른 나라에 복속되기 때문에 저항하지 않을 수 없다. 노자가 아예 맞서지 말라고 말하는 것은 아니다. 해야 할 때는 해야 한다고 말한다. 하지만 노자는 전쟁은 부득이한 경우에만 해야 한다고 보았다.

무릇 좋은 군대란 상서롭지 못한 도구이고, 사람들은 그것을 싫어하므로, 도가 있는 자는 쓰지 않는다.[*]

[*]   夫佳兵者, 不祥之器, 物或惡之. 故有道者不處. (『노자』 31장)

군주가 전쟁을 좋아하면, 즉 일을 만들기를 좋아하는 군주이면 백성을 힘들게 한다. 자기 백성뿐만이 아니라 천하를 힘들게 한다. 좋은 군대를 갖고 있으면, 한편으로는 방어를 잘 할 수 있다는 장점이 있지만, 그 힘을 억누르지 못하면 다른 나라를 침략하여 전쟁을 일으키는 토대를 제공한다. 그런 위험성은 언제나 존재한다. 한국 사회의 일부 세력들이 "대한민국의 군사력이 북한보다 강하다. 북한이 자꾸 도발을 하면 바로 응징(전쟁)을 해야 한다"고 말하는 것도 이와 같은 범주로 이해할 수 있다. 만일 한국의 전력이 북한에 비해 압도적이라고 생각하지 못한다면, 과연 그런 이야기를 쉽게 할 수 있었을까? 군대를 만든다는 것, 군비를 확장한다는 것은 언젠가 그 군대를 사용할 수 있는 가능성을 전제로 하는 것이다. 즉 그만큼 전쟁의 가능성, 위험성이 높아진다는 얘기이다. 그러나 전쟁을 하기 위해서는 분명한 명분이 필요하다.

물론 모든 전쟁은 나름의 명분이 있지만, 통치자가 가장 먼저 고려해야 하는 것은 백성의 이익이다. 그런데 사심을 가진 통치자는 백성의 마음을 고려하기보다 더 큰 나라, 더 강한 나라로 만들고 싶다는, 즉 패자(霸者)가 되고 싶다는 욕심으로 무모한 선택을 하기 마련이다. 그것은 곧 그가 백성을 마음에 두지 않았다는 것이고, 결국은 백성도 그것을 알게 되면 그를 사랑하지 않게 될 것이다. 백성의 마음을 잃었는데 성인이라 할 수 있을까?

> 군대는 상서롭지 못한 도구이고 군자의 도구가 아니므로, 부득
> 이하게 사용한다.
> 욕심을 내지 않는 것을 중요하게 생각하고, 승리해도 아름답다
> 고 여기지 않는다.
> 그것을 아름답다고 여기는 자는 곧 살인을 즐기는 것이다. 무릇
> 살인을 즐기는 자는 천하에 뜻을 둘 수 없다.*

이렇듯 군대는 군자나 성인의 도구가 아니다. 좋은 정치는 전
쟁이 발생하지 않도록 하는 것이고, 부득이하게 전쟁을 할 수밖
에 없다면 전쟁에 이겨야 하겠지만, 이겼다고 해서 기뻐할 일은
아니라고 노자는 강조하였다. 그것은 전쟁을 통해 병합한 영토
에 사는 사람들이 이제 자신의 백성이 된 것이고, 그들의 마음
도 헤아려야 하기 때문이다. 전쟁에 져서 많은 목숨을 잃은 사람
들은 슬픔과 한을 품은 채 복종하게 된다. 그 마음을 위로해주지
못한다면, 그들의 마음을 얻기 힘들 것이고, 결국 힘들게 얻은 영

---

* 兵者不祥之器, 非君子之器, 不得已而用之, 恬淡爲上, 勝而不美, 而美之者, 是樂殺人
  .夫樂殺人者, 則不可得志於天下矣. (『노자』 31장』)

토를 다시 잃게 된다. 결국 정치의 핵심은 백성들의 마음을 얻는 것이다.

4. 무위정치란 무엇인가?

무위정치는 노자의 도가 현실정치에서 실현하고자 하는 구체적 목표이며 방법이다. 그것이 백성들이 만족할 수 있는 좋은 정치라고 보기 때문이다. 백성의 마음을 얻고 그들을 만족시키고자 하는 무위정치는 단순히 전쟁을 하지 않는 것만으로는 부족하다. 성인의 정치는 먼저 무위해야 하고, 그다음으로 호정(好靜)해야 하며, 그리고 무사(無事)해야 하고, 또 무욕(無欲)해야 한다.

성인은 말한다 :

"내가 무위하면 백성이 스스로 변하고,

내가 호정(好靜)하면 백성이 스스로 바르게 되고,

내가 무사(無事)하면 백성이 스스로 부유해지고,

내가 무욕(無欲)하면 백성이 스스로 소박해진다."*

* 聖人云: 我無爲而民自化. 我好靜而民自正. 我無事而民自富. 我無欲而民自樸. (『노자』 57장)

통치자의 '하지 않음'은 피통치자의 자발성을 이끌어낸다고 노자는 생각했다. 체제의 정치적 정당성은 피통치자의 인정을 통해 획득된다. 근대의 서구 사회계약론자들은 1인 또는 소수가 다수를 통치하는 체제의 정치적 정당성의 근거를 자연 상태에서의 사회적 계약에서 찾았다. 사회나 국가가 구성되기 이전을 '자연 상태'라고 상정하고, 그러한 자연 상태에서 인간들은 사회적 계약을 통해 함께 사회를 구성하기로 결정했다는 것이다. 그것이 서구 사회에서는 보편적인 정치적 정당성의 근거로 제시되었다.

그러나 노자는 옛날에 사회가 어떠했는지, 우리가 태어나기 전에 어떠했는지를 따지지 않는다. 노자는 백성들이 살고 있는 당대의 정치가 어떠한지를 더 중시한다. 그것이 백성들이 살 만한 세상을 만들고 있는지가 중요하기 때문이다. 노자에 의하면, 사람들은 억지로 무엇인가를 하는 것을 싫어하고, 자꾸만 틀렸다고 하는 것도 싫어하며, 통치자가 세금을 떼어가 부유해질 수 없는 것도 싫어하고, 남 눈치 봐 가며 있는 척하며 사느라 가랑이가 찢어지는 것도 싫어한다. 그러므로 이런 마음을 갖고 있는 백성의 자발성을 이끌어내기 위해서는 통치자가 백성의 자발성을 막는 행위를 하지 말아야 한다.

춘추전국시대 통치자는 백성들의 모범으로 여겨졌다. 오늘날의 관점으로는 공인인 셈이다. 당시 어느 왕이 갓끈을 길게 매자

나라 안의 모든 사람들이 너도나도 갓끈을 길게 매려고 해서 갓 끈이 동이 나는 바람에 갓끈 값이 폭등했다는 얘기를 보면 알 수 있다. 현대인들도 공인들의 말과 행동을 보며 따라한다. 좋은 행동만 따라하는 것은 아니다. 마음에 들지 않는 말과 행위를 하면, 욕을 하면서도 어느 순간 자신도 따라하고 있다. 그러므로 좋은 통치자는 말과 행동을 더 신중히 할 수밖에 없다.

그렇다고 해서 가식적이어서는 안 된다. 그것은 더 역효과를 낳을 뿐이다. 자신은 하지 않으면서 남들에게는 하라고 하고, 자신은 그렇게 생각하지 않으면서도 남들에게는 그렇게 생각하라고 한다면, 정당성을 얻는 대신 자신의 가식을 사회가 따라하는 결과를 초래할 뿐이다. 모두 '하는 척'하는 사회가 되어 신뢰가 무너지고 나라가 위태롭게 되는 것이다. 물론 스스로 모범을 보인다는 것은 무척이나 힘든 일이다. 그러므로 노자는 다음과 같이 말하였다.

불언(不言)의 가르침, 무위(無爲)의 이로움에 천하가 도달한 경우는 드물다.*

---

* 不言之教, 無爲之益, 天下希及之. (『노자』 43장)

말하지 않고(불언), 하지 않으면서(무위) 사회가 자발적으로 변화하게 한다는 것이 그리 쉬운 일이겠는가? 그래서 장자는 그것을 아무나 따라 할 수 없는, 그리고 들어도 알 수 없는 '큰 지식(大知)'이라고 하였다. 하지만 그 큰 지식을 얻었다고 해서 모두가 실천할 수 있는 것은 아니다. 그래서 '정치의 신'이라 불리는 성인은 수백 년에 한 번 나올까 말까 한다고 말한 것이다. 그래도 드물게라도 성인이 나타나 무위의 정치가 실현되면, 짧게나마 백성들은 편안한 삶을 누릴 수 있다.

무위정치를 실현하기 위해 노자가 제시한 이상적인 사회상은 '소국과민'(小國寡民)으로 요약된다. 소국과민이란 영토가 작고 인구가 적은 나라를 말한다. 작은 나라는 당연히 더 큰 나라가 되고 싶어 하고, 큰 나라는 더 큰 나라가 되고 싶어 한다. 그렇게 되면 국가 간의 전쟁은 피할 수 없다. 그리고 고대 사회에서 전쟁을 뒷받침하는 가장 중요한 변수는 백성의 수였다. 백성이 많아야 전쟁을 계속할 수 있고, 전쟁에서 이길 수 있었다. 그렇기 때문에 춘추전국 시대의 대부분의 국가는 유인책을 통해 인구를 늘리기 위해 애를 썼다. 지금도 사정이 크게 다른 것 같지는 않다. 한국도 이제 인구절벽을 얘기하기 시작했고, 혹자는 젊은이들이 아이를 낳지 않는다고 걱정한다. 그런데 노자가 볼 때 그런 걱정은 진심으로 백성들을 위한 것은 아니다. 모든 나라가 작은 규모에 만족한다면, 전쟁은 피할 수 있으리라고 노자는 생각하였다. 그렇게 되면 나라 밖의 일보다 나라 안의 일에 집중할 수 있고, 전쟁보다는 백성들의 일에 더 관심을 가질 수 있을 것이라고 본 것이다.

게다가 국가 간의 경쟁과 갈등은 국가 내의 경쟁과 갈등도 키운다. 싸움이 정당화된다면, 그리고 싸워서 이기는 것이 명예롭다고 여겨진다면, 사람들은 더 많이 더 자주 싸우게 될 것이다. 그렇게 사회는 혼란해지고, 백성들은 불안에 떨게 된다. 언제 잃어버릴지 모르는 재물을 누가 모을 것이며, 언제 빼앗길지 모르는데 누가 열심히 일하겠는가. 오늘날 한국 사회의 젊은이들이 착실하게 돈을 모으기 보다는 영혼을 끌어 모은다는 '영끌'을 통해 부동산에 투자하여 한탕을 노리는 현상이나, 명품에 열광하는 것도 경쟁과 불안이 고도화된 사회의 한 단면을 보여주는 것이다. 그리고 그 이면에는 자신은 아무것도 하지 않으면서, 국민들에게만 하라고 하고, 심지어는 왜 열심히 하지 않냐고 다그치는 정치인 무리가 있다.

무위정치는 정치인들이 국민의 마음을 제대로 읽고 그 바람을 실현하기 위해 밤낮으로 열심히 뛰어다니도록 하는 것이다. 국민들은 정치에 관심을 둘 필요가 없고, 자신의 생업에 열심히 종사하고, 열심을 돈을 모으고 행복한 삶을 추구하면 그것으로 충분하다. 한국인들은 어려운 사람을 보면 주저하지 않고 도움을 준다. 굳이 그러라고 하지 않아도 알아서 잘 한다. 그것이 바로 무위를 하면 백성이 스스로 변한다는 의미일 것이다. 무위가 아니라 유위도 실현하지 못한 상황에서도 국민들이 도덕성을 발휘하는 마당에, 무위가 실현되면 더할 나위 없을 것이다.

그런데 왜 그렇게 착한 사람들이 정치에 불만을 갖고 분노하게 되었는가? 대통령, 국회의원, 시의원 등 국민의 의사로 뽑은 사람들이 절대 조용하지 않기 때문이다. 즉 호정(好靜)하지 않기 때문이다. 부패와 횡령 등 불법적인 일은 물론이고, 과오는 숨기고 공적만 부각시키려고 하는 '떠들썩함'은 다음 선거에서 다시 선출되기 위한 것이지, 절대 국민이나 국가를 위한 것은 아니라는 점은 분명하다.

노자는 그런 점에서 또 무사(無事)를 주장한다. 통치자들이 만드는 여러 일들 대부분이 백성에게 부담을 주는 일이다. 크게는 전쟁이나 토목사업이 있지만, 작게는 법령을 만들거나 세금을 올리는 일도 있다. 물론 그 명분은 백성이나 국가에 도움이 되도록 하기 위해서라고 하지만, 결국 그 인적, 물적 부담이 모두 백성들에게 돌아온다. 일하는 사람도 세금을 내는 사람도 모두 백성이지 통치자 자신은 아니기 때문이다. 전쟁이나 토목사업에 동원되면 농사를 지을 수 없고, 그렇게 되면 세금을 낼 수도 없다. 그러므로 노자는 통치자가 무사(無事)하면, "백성이 스스로 부유해진다"고 말한다.

무욕(無欲)도 마찬가지이다. 뉴스에 영부인이 어떤 명품을 입었는지 크게 화제가 된 적이 있다. 영부인이 입거나 신으면 그날로 완판이 되기 일쑤였다. 백성이 검소하고 소박한 삶을 만족하게 하려면, 통치자나 정치인을 비롯한 공인들이 모범을 보여야 한다. 통치자가 자신의 욕구나 권력을 절제하지 못하면, 필연적으로 사치와 방종으로 흐르기 때문이다.

중국철학은 항상 천하를 대상으로 하는데, 노자의 철학도 마찬가지다. 통치자의 욕구가 천하를 향할 때 문제가 될 수 있다고 노자는 경계한다. 물론 '자연스러움'을 숭상하는 노자는 통치자가 저절로 우러난 덕으로 말미암아 자연스럽게 천하의 사랑을 받는 것은 당연히 인정한다. 문제는 통치자의 덕이 부족하여 천하의 민심을 얻을 수 없을 때에는 결국 힘으로 천하를 얻고자 한다는 점에 있다. 천하를 소유하고자 하는 통치자의 과욕은 반드시 전쟁을 불러오고, 그것은 다시 백성의 재산과 목숨을 희생시킨다. 통치자가 이러한 욕심을 부리지 않는다면, 백성들도 스스로 절제를 하고, 자신이 얻을 수 없는 것을 바라지 않게 된다고 노자는 말한다.

노자의 무위정치는 국가 안의 정치만이 아니라, 국가 간의 정치에 대해서도 가르침을 준다. 평화와 안정을 지향해야 하는 지금 시대에도 노자의 무위정치는 유의미한 패러다임을 제공한다. 무위, 호정, 무사, 무욕은 현상유지를 의미하는 것이 아니다. 지나친 욕심을 부리지 말고, 조심스럽고 조용하게 논의하고 협상해야 하며, 전쟁은 최대한 피하자는 말이다. 그렇게 되면 세계는 하나가 되는 날이 올 것이다.

오늘날도 세계는 잡음이 끊이지 않는다. 언제나 자신은 잘못이 없고, 남이 잘못했다고 비난한다. 그것이 전쟁의 도화선이 되는 일이 빈번하다. 노자의 무위정치는 '나'를 중심으로 이야기를 풀어나간다. 내가 무위하면, 내가 조용하면, 내가 일을 만들지 않으면, 내가 욕심을 부리지 않으면 모든 것이 자연스럽게 잘 이루어질 것이라고 말이다. 여기서 '남'을 탓하는 것은 찾아 볼 수 없다. 영화 대사처럼 남 탓할 것이 아니라, "너나 잘 하세요."인 것이다. 백성을 어떻게 바르게 만들 것인지, 백성을 어떻게 하면 일하게 할 것인지, 백성을 어떻게 하면 부유하게 할 것인지, 백성을 어떻게 하면 잘 싸우게 할 것인지 생각하기 이전에, 통치자 자신이 열심히 일하고, 바르게 일하고, 그렇게 해서 얻은 것을 자랑하지 않아야 한다. 도드라진 통치자가 없으면 무위가 실현된다.

5. 인간, 땅, 하늘, 도

무위가 실현된다는 것은 곧 인간이 자신의 모습대로 살 수 있다는 것이고, 넓은 의미로 자연과 동화된다는 것이다.

인간은 땅을 닮고, 땅은 하늘을 닮고, 하늘은 도를 닮는다.*

그래서 노자의 철학을 '천인합일(天人合一)'의 철학이라고 부른다. 무위와 자연(=天)이 합해져 천인합일을 이루는 것이다. 인간이라는 존재는 땅과 하늘 사이에 살고, 그들 없이는 살 수 없는 존재이며, 자연과 별개의 것이 아니라 자연 그 자체이기 때문에, 땅을 본받고 하늘을 본받을 수밖에 없다. 그리고 그것을 해치지 않고 그대로 녹아낸 정치를 통해 가장 자기다운 모습으로 살아갈 수 있다. 자연은 그야말로 노자철학의 핵심인 무위를 고스란히 보여주는 존재이다. 자연을 자세히 들여다보면 열심히 일을 하고 있다는 것을 느낄 수 있지만, 우리는 어떻게 그것이 이루어지는지 알 수 없다. 현대에는 과학이 발달하여 자연법칙을 이해

---

* 人法地, 地法天, 天法道. (『노자』 25장)

할 수 있다고는 하지만, 그렇다고 다 알 수 있는 것은 아니다. 좋은 정치도 자연처럼 행해져야 한다. 그래서 노자의 도는 현(玄)이라고 말해진다. '현'은 오묘하다는 뜻이다.

도는 도이지만 보통의 도가 아니다.

명은 명이지만 보통의 명은 아니다.

무명은 천지의 시작이요, 유명은 만물의 어머니이다.

그러므로 항상 무욕으로 그 오묘함을 관찰한다.

항상 유욕으로 그 순행을 살핀다.

이 두 가지는 함께 나왔지만 이름은 다르고,

둘 다 오묘하다고 한다.

오묘하고 또 오묘하니, 여러 오묘함의 문이다.*

이 대목은 『노자』 1장으로, 도(道)를 설명하고 있다. 노자사상의 출발점이자 종착점이 도라는 것을 알 수 있다. 이런 구성 때문에 『노자』를 『도덕경』이라고도 하며, 노자와 장자 등을 도가(道

---

* 道可道, 非常道. 名可名, 非常名. 無名, 天地之始. 有名, 萬物之母. 故常無欲, 以觀其妙. 常有欲, 以觀其所徼. 此兩者, 同出而異名, 同謂之玄. 玄之又玄, 衆妙之門. (『노자』 1장)

家)라고 부르게 된 것이다. 그러면서도 이 1장의 설명 내용은 알 듯 모를 듯 오묘하다. 이렇게 도를 어렵게 설명한 것은 그것을 실제로 알기도 어렵지만, 아무나 알아도 안 되기 때문이다. 그것은 다음의 글을 보면 알 수 있다.

> 옛날 도를 잘 행하던 자는 오묘하고 통달했으며, 그 속을 알 수 없었다. 오직 알 수 없기 때문에, 억지로 그 모습을 설명하자면, 신중한 것이 겨울에 시내를 건너는 듯하고, 조심하는 것이 사방에 적이 있는 듯하고, 엄숙한 것이 손님을 대하는 듯하고, 시원한 것이 얼음이 녹는 듯하고, 순박한 것이 통나무 같고, 아득한 것이 계곡 같고, 흐린 것이 탁한 물 같다. 누가 흐림을 조용히 맑아지게 할 수 있겠는가? 누가 고요함이 조용히 생겨나도록 하겠는가? 이러한 도를 가진 자는 채워지는 것을 바라지 않는다. 채워지지 않는 것만이, 눌러 새롭게 만들 수 있다.*

자연의 비유를 통해 도를 설명하는 것은 장자에게도 나타난

---

* 古之善爲道者, 微妙玄通, 深不可識. 夫不唯不可識, 故強爲之容. 豫兮若冬涉川. 猶兮若畏四鄰. 儼兮其若客. 渙兮其若淩釋. 敦兮其若樸. 曠兮其若穀. 混兮其若濁. 孰能濁以靜之徐清? 孰能安以靜之徐生? 保此道者, 不欲盈. 夫唯不盈, 故能蔽而新成. (『노자』 15장)

다. 장자는 우주를 품을 만큼 큰 새인 대붕과 크기가 몇 천리에 이르는 곤이라는 물고기로 도를 설명한다. 그것은 도의 성격을 말하기 위한 것이다. 그러나 그렇다고 해서 노자의 철학을 자연으로의 회귀를 주장하는 것으로 이해해서는 안 된다.

태풍이 아침까지 불지는 않고, 폭우가 하루 종일 내리지는 않는다. 누가 이렇게 하는가? 천지이다. 천지도 오래가지 않는데, 하물며 인간은 어떠랴? 그러므로 도를 행하는 자는 도와 같아지고, 덕을 행하는 자는 덕과 같아진다. 실을 행하는 자는 실과 같아진다. 도와 같아진 자는 도 또한 그를 기쁘게 여기고, 덕과 같아진 자는 덕 또한 그를 기쁘게 여기며, 실(失)과 같아진 자는 실(失) 또한 그를 기쁘게 여긴다. 믿음이 부족하면, 불신이 생기게 된다.*

태풍이나 폭우는 자연현상이지만 일시적인 현상이다. 그것이 천지의 속성이라고 노자는 귀띔 해준다. 그리고 인간도 마찬가지라고 말이다. 그러므로 인간도 자연에 따라야 한다고 말이다.

---

* 希言自然. 故飄風不終朝, 驟雨不終日. 孰爲此者? 天地. 天地尚不能久, 而況於人乎? 故從事於道者, 道者同於道, 德者同於德, 失者同於失. 同於道者, 道亦樂得之. 同於德者, 德亦樂得之. 同於失者, 失亦樂得之. 信不足焉, 有不信焉. (『노자』 23장』)

그렇다면 어떻게 자연과 하나가 될 수 있을까? 그것은 자연의 덕이나 도를 알아서 그것에 따르면 된다. 이렇게 덕이나 도와 한 몸이 된 것이 최고의 경지이다. 억지로 하지 않아도 되고, 그렇다고 아무것도 하지 않는 것은 아니다. 비가 오고 바람이 불 듯이 자연스럽게 이루어지는 것이 노자가 말하는 자연스러운 정치이고, 그것이 곧 무위정치이다.

오늘날 경쟁과 갈등에 지친 사람들은 전원(자연)으로 돌아가고자 한다. 온전히 돌아갈 수 없는 사람들은 휴가 때라도 산이나 바다를 찾아가 자연과의 일체감을 맞보고자 한다. 자연 속에서 "미치도록 아무것도 하고 싶지 않다"고 속으로 외치면서 말이다. 그것은 우리의 정치가 우리를 너무 지치게 만들고 있다는 반증이다. 어떤 이는 아예 경쟁을 포기하기도 한다. 그렇게 무기력증에 걸리기도 한다. 지금의 정치는 이렇듯 우리를 자연스럽지 않도록 강요하고 있다. 그 이유를 생각해 보면, 노자가 말하는 유위(有爲)의 정치가 횡행하고 있기 때문이다. 아직 우리의 정치는 갈 길이 멀다. 언제나 부산스럽게 보여주기 식의 정치를 하고 있을 뿐, 국민들의 마음을 읽는 정치는 아니다. 그런 점에서 노자가 주장한 무위의 정치는 오늘날의 우리에게 큰 깨우침을 준다.

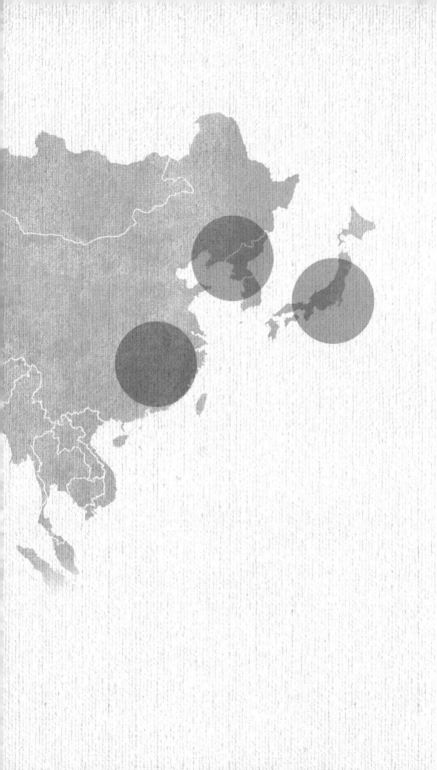

제 2 부 ──

노자, 동아시아와 만나다

道德經

04

옌푸(嚴復),
노장을 현대화하다

김현주

1. 옌푸, 센세이션을 일으키다

중국의 근대는 연이은 서구 열강의 침략에 의해 부국강병에 대한 요구가 그 어느 때보다 고조되었던 시기였다. 그래서 더더욱 중국의 전통적 의식에 대한 전반적 개혁을 요구받던 시기였다. 지식인들은 위기에 빠진 국가와 국민을 살려야 한다는 시대적 요구에 조응하여 그에 맞는 사상을 마련해야 한다는 요구에 직면하였다. 그 과정에서 우선 그때까지 중국을 지배해 왔던 전통적 의리관(義理觀)을 반성하고 비판하게 되었다.

당시 수천 년간 중국을 지배해 온 주류 사상은 유가(儒家) 사상이었다. 따라서 유가 사상은 중국과 중국인이 경험하게 된 비참한 현실에 대해 그 책임을 피할 수 없었다. 중국의 많은 개혁적 지식인들은, 유가의 인의를 중시하고 이익을 경시하는(重義輕利) 풍조 때문에 중국인들이 과학과 경제를 경시하게 되었고, 그로 인해 중국이 경제적으로 쇠퇴하였으며, 그 결과 국력이 약해졌다고 생각했다.

이러한 시대적 상황에서 시작된 유가 비판은 시간이 흐르면서 중국 전통 전반에 대한 부정으로 이어졌다. 유가 사상이 주류 사상이었기 때문에, 그에 대한 비판은 결국 모든 전통사상에 대한 비난으로 확장되었다. 그로 인해 중국의 전통사상은 모두가 믿을 수 없는 것으로 폄하되었고, 심지어는 미신이라고 치부되었다. 그리고 그 대안으로 서구 사상에 눈을 돌리게 되었다. 나아가서 서양으로부터 들어온 완전히 낯설고 새로운 사상들을 맹목적으로 추종하는 경향이 생겼다.

그러나 한편으로는 그에 대한 반동으로 전통사상 가운데 유가 사상에 대립적이었던 노장 사상과 묵가 사상과 같은 제자백가 사상에 대한 관심이 높아졌다. 이것은 역설적으로 일부 전통을 긍정하는 결과를 낳기도 하였다. 이러한 과정을 통해 중국 근대사에서 전통사상은 부정과 긍정 그리고 종합의 변증법적 과정을 거치면서 새롭게 평가되었다.

그런데 전통이 새롭게 평가되는 과정에는 자유주의와 마르크스주의와 같은 서구 사상의 영향이 크게 작용할 수밖에 없었다. 그중에서도 옌푸(嚴復, 1854-1921)는 자유주의적 입장에서 전통을 재해석한 대표적 인물이다. 옌푸는 청나라 정부의 장학금으로 영국의 왕립해군학교에 유학한 인재로, 서양의 해군 기술을 배워 오라는 사명을 받은 인물이다.

그런데 그는 서양의 기술이 아니라 사상에 눈을 뜨고 말았다. 옌푸가 영국에 갔을 당시 영국에는 자유주의가 유행하고 있었다. 옌푸는 기술이나 무기가 아니라 자유주의야말로 중국 개혁에 꼭 필요한 열쇠라고 생각하였다. 그는 이전 세대와 달리 서구사상을 번역서가 아니라 원문으로 공부한 사람이었고, 그런 어학 실력을 바탕으로 중국인들에게는 낯선 서구의 사상서를 중국어로 번역하여 출판하였다. 옌푸의 번역서는 센세이션을 불러일으켰다. 유려한 번역어도 한몫 했지만, 서구사상에 목말랐던 중국의 젊은 지식인들은 옌푸의 탁월한 번역을 통해 서구사상을 낯설지 않은 것으로 이해하게 되었다.

그런데 옌푸가 근대 초기에 서구 사상서의 번역을 통해 선전하고자 한 것은 바로 영국의 정치적 자유주의였다. 그것은 아담 스미스나 존 로크와 같은 이들의 고전적 자유주의와 달리 정치적 자유를 좀 더 폭넓게 주장한 것이었기 때문에, 고전적 자유주의와 구별하기 위해 신자유주의라고 불린다. 물론 당시 영국에는 자유주의와 경쟁적인 보수주의도 있었다. 옌푸는 어렸을 적에 전통적인 교육도 받았기 때문에 전통에 대한 관심도 많았다. 그리하여 어떤 이는 옌푸를 보수주의자라고 평가하기도 한다. 그러나 옌푸가 노자나 장자에 관심을 갖고 그것을 현대적으로

해석하고자 한 것은 중국 전통을 고수한다는 보수적인 입장에서
가 아니었다. 그것은 서구 사상의 입장에서, 특히 자유주의적 입
장에서 이루어진 것이다. 이 점은 그가 "중국의 고서를 읽고 싶
으면 그 깊은 뜻을 알아야 하는데, 종종 서양의 글을 통달한 후에
그것이 가능하다(欲讀中國古書, 知其微言大義者, 往往待西文通達之後
而後能之)"(嚴復 2004, 73)라고 한 말에서도 엿볼 수 있다.

중국의 전통을 자유주의적 입장에서 해석한 것은 자유주의를
중국에 알리고 전파시키는 데 큰 도움이 되었다. 서구 사상을 몰
랐을 때에는 노장 사상이나 그 외의 사상들은 그저 유가 사상에
반하는 비주류 내지는 반주류로만 이해되었다. 이것은 유가 이
외의 사상들이 유가와의 관련 속에서 해석되어 왔음을 의미한
다. 그러나 근대에 이르러 서구 근대사상이 유입되고 서구 사상
에 대한 이해가 높아지면서, 유가 사상은 물론이고 노장과 그 밖
의 전통 사상을 서구 사상의 관점에서 재해석할 수 있게 되었다.
이것은 전혀 새로운 각도에서 중국 전통을 바라보는 계기를 마
련해주었다. 옌푸의 노자 해석은 바로 이러한 작업의 일환이라
고 평가할 수 있다.

중국 전통에 대한 옌푸의 재해석의 성과 중 하나는 중국의 전
통이 단순히 부정되어야만 하는 대상이 아니라는 것을 보여주었
다는 점이다. 그리하여 중국의 전통은 재해석을 통해 새롭게 평

가될 수 있는 계기를 얻게 되었다. 옌푸는 중국의 전통, 특히 노장 사상 속에서 그동안 유가 사상만을 중시하던 풍조로 인해 간과되었던 철학적 특징을 새롭게 발견하고자 한 것이다. 그것은 단순히 전통으로 회귀하려는 시도는 아니다. 그리고 중국의 정신은 고수하고 서양의 기술만을 받아들이겠다는 중체서용(中體西用)의 입장도 아니다. 그것은 서구 사상적 시각, 특히 그중에서도 자유주의적 시각을 통한 노장 해석이기 때문이다.

2. 전통의 정반합을 이루다

옌푸도 어렸을 때에는 여느 중국 근대 사상가와 마찬가지로 유학 교육을 받았다. 그의 스승은 황샤오이엔(黃小嚴)으로, 한학(漢學)과 송학(宋學)을 모두 중시하는 교육을 했다고 알려져 있다. 그런 사상적 토대가 옌푸가 서양 서적을 번역할 때에도 반영되었다.

그런데 한학과 송학은 어떻게 다를까?

한학은 사실과 고증을 중시하는 형이하학적 경향이 있고, 송학은 심성(心性)이나 천명(天命)과 같은 형이상학적 측면을 중시하는 사변적인 경향이 강하다. 저명한 중국사상 연구자인 벤자민 슈왈츠(Benjamin I. Schwartz)는 옌푸가 형이하학적 교육과 형이상학적 교육을 모두 받았기 때문에 스펜서의 우주론적 형이상학과 밀의 귀납적 경험주의를 모두 받아들일 수 있었다고 말한다 (史華玆 1989, 22).

하지만 이러한 설명은 주의를 요한다. 옌푸는 신유학을 비판하는 입장이었기 때문이다. 옌푸는 공자, 맹자와 같은 원본(原本) 유학 또는 선진(先秦) 유학은 긍정하였지만, 송명시대의 신유학은 무용(無用)과 무실(無實)이라는 두 마디로 철저하게 비판하였다. 쉽게 말하면, 신유학은 중국의 현실과 맞지 않다는 것이다.

그는 「구망결론」(救亡決論)에서 송명 시대의 정이(程頤), 정호(程顥), 주희(朱熹), 육상산(陸象山), 왕양명(王陽明)과 같은 정주육왕(程朱陸王)의 학문을 비판하였다.* 따라서 그가 한학과 송학의 영향을 받았기 때문에 스펜서나 밀의 사상의 영향을 받았다고 단언하기에는 무리가 있다. 다만 스펜서나 밀의 자유주의적 사상은 물론이고 유학도 옌푸의 사상에 영향을 준 것만큼은 부정할 수 없는 사실이다. 그러나 옌푸는 유가로 대표되는 전통사상을 비판하고, 서양학문을 배울 것을 적극 주장하였다.

그렇다면 그에게 전통은 무엇을 의미할까?

---

* 其爲禍也, 始於學術, 終於國家. 『老子評語』(嚴復 1986, 45)

옌푸는 유가 문화를 무용과 무실이라고 비판하였다. 한 마디로 '쓸모없다'라는 것이다. 먼저 이렇게 말한 정황을 살펴보자. 청일전쟁에서 일본에 패한 이후 옌푸는 중국의 대표적인 사상이라 할 수 있는 유가 사상이 중국의 부국강병에 도움이 되지 못했고(無實), 지금도 도움이 되지 못하고 있다(無用)고 생각하게 되었다.

청일전쟁은, 갑오전쟁 또는 중일전쟁이라고도 하는데, 아시아의 중심국, 천조국(天朝國)이라는 자부심을 갖고 있던 중국의 자존심이 일본에 패함으로써 무참히 짓밟힌 중요한 사건이었다. 이때 중국인들이 느꼈던 패배감과 치욕은 상당한 것이고, 그 충격도 "천년 동안 겪어보지 못한 치욕"이라고 표현되었을 정도로 컸다. 그러므로 중국의 뜻있는 지식인이라면 누구나 중국이 섬나라인 일본에 진 이유가 무엇인가, 중국이 그 정도로 약체가 된 이유는 무엇일까를 두고 고민을 하였다. 당시 많은 사람들은 그 원인이 유학에 있다고 생각했다. 옌푸도 당시의 비판적 지식인들처럼 중국이 천하의 중심이 아니라 약소국으로 전락하고 만 책임이 유가 사상에 있다고 보았다. 이는 유가 사상이 중국의 통치이념이라고 할 수 있기 때문이다. 이것은 전적으로 유학 경전을 내용으로 하는 시험을 치러 관리를 임용하는 기존 체제에 대한 도전이기도 하다.

옌푸는 「구망결론」이라는 글에서, 당시 과거시험에 사용되던 팔고문(八股文)의 폐해를 세 가지로 지적하였다. 팔고문은 명나라와 청나라 시기 과거시험에서 사용되던 글쓰기였는데, 글 좀 쓴다는 유생들도 그 고정된 격식 때문에 힘들어했다. 오늘날 팔고문은 전족이나 변발과 같이 전통의 족쇄를 대표하는 것 중의 하나로 여겨진다. 옌푸는 그것이 첫째, "지혜를 억압한다."(錮智慧)고 보았다. 둘째, "마음을 어지럽힌다."(壞心術)고 생각했다. 셋째, "하는 일 없이 빈둥거리게 한다."(滋遊手)고 비판했다(嚴復 1986, 40-42). 팔고문에 대한 옌푸의 비판을 보면, 오늘날 조선시대 양반에 대한 비판과 유사하다는 생각을 하게 된다. 옌푸가 그토록 팔고문을 경멸했던 이유는 오랫동안 유가 사상 이외에는 용납하지 않은 탓에 낡아빠진 약체가 되어 버린 구체제를 개혁하고자 한 열망이 그만큼 강했기 때문이다.

우선 사상적 개혁을 위해 그가 대안으로 제시한 것은 서구의 학문과 사상, 즉 서학(西學)이었다. 그는 중국의 부국강병을 위해 당시 세계의 강자가 되어 있는 서구 열강의 학문과 그들의 사상을 배워야 한다고 주장했다. "서양을 배우자"라는 주장은 청나라 관료들이 주도한 양무운동과 별반 다르지 않았지만, 양무운동이 중국의 전통 사상을 체(體)로 하고 서양의 과학과 기술을 용(用)으로 삼으면서(中體西用), 중국의 사상과 도덕을 포기하지 않으려고 했던 것과 달리, 옌푸는 유가 문화에 대응하는 서구 문화의 중심 가치를 과학(黜僞崇眞)과 민주(屈私爲公) 두 가지라고 보았다.

이 두 가지 가치는 후에 5・4운동(五四運動) 시기에 서양의 모든 것을 배워야 한다고 주장했던 전반서화파(全般西化派)들이 기치로 내세웠던 것이기도 하다. 그러나 옌푸가 전반서화파와 다른 점은 유가 사상을 비롯한 중국의 전통을 몽땅 부정하지는 않았다는 점이다. 그는 노장사상과 같은 유학 이외의 전통 사상뿐만 아니라 유학의 정수 또한 포기하지 않았다. 이런 점이 서화파들에게는 보수주의적으로 비쳐진 것이다.

그런데 특히 옌푸가 중국의 전통을 긍정했던 이유는 중국 전통 사상 속에서 서학과 상통하는 부분이 있다는 점을 발견했기 때문이다. 그는 서학을 배우고 난 후에 중국 사상을 다시 보면, 이전에는 이해하지 못했던 이치들을 깨달을 수 있다고 생각했다.* 서학은 중국 근대의 지식인들에게 새로운 가치와 관점을 제공해줄 뿐만 아니라, 전통을 바라보는 새로운 관점도 제시해 주고, 중국의 전통 속에서 이제까지 발견하지 못했던 정수들을 다시금 발견할 수 있는 계기를 만들어 준다는 것이다.

서구의 사상을 통해 옌푸는 중국 전통을 다시 해석하여 현대

---

* 即吾聖人之精意微言, 亦必既通西學之後, 以歸求反觀, 而後有以窺其精微, 而服其爲不可易也. (嚴復 1986, 49)

적 전환을 시도하였다. 이것은 서구적 가치, 즉 자유와 민주를 중국 전통 속에서 발견하려는 시도이기도 하다. 이를 통해 그는 중국인의 '정신 계몽(開民智)'을 좀 더 원활하게 하려 한 것이라 할 수 있다. 중국의 전통 속에서 자유와 민주 등의 현대적 가치들을 발견할 수 있다면, 중국인의 사상 속에 그러한 가치들이 이미 내재되어 있었다고 한다면, 그것을 발견하여 깨우치는 것이 새롭게 사상을 주입하는 것보다 훨씬 쉬울 것이다.

그리하여 우선 그는 『맹자』의 "모든 것이 모두 나에게 있다"(萬物皆備於我, 「진심상(盡心上)」), 『중용』의 "성(誠)은 만물의 처음과 끝이니, 성(誠)하지 않으면 만물도 없다"(誠者物之終始, 不誠無物)라는 표현에서 데카르트의 주체적 자아를 발견하였다.(嚴復 1986, 1035; 1037) 그리고 순자의 "사람이 금수와 다른 이유는 무리(群)를 이룰 수 있다는 점이다"(人之所以異於禽獸者, 以其能群)라는 말을 스펜서의 사회학(옌푸는 이를 '군학(群學)'으로 번역하였다)과 연관시켰으며, 『대학』의 "수신, 제가, 치국, 평천하"(修身齊家治國平天下)의 뜻과도 부합한다고 생각했다.

물론 그는 유학이 그가 추구하는 서구 자유주의와는 차이가 있다는 점을 분명히 알고 있었다. 그가 "자유라는 말은 중국 역대 성현이 깊이 두려워했던 말로 한 번도 가르쳐진 적이 없다"*
고 한 점에서, 그의 시도가 전통을 무조건 서구 사상에 짜 맞추려
는 견강부회적 해석이 아님을 알 수 있다.

물론 그는 유학의 서(恕)와 혈구(絜矩)가 서구 철학자들이 말하
는 자유와 닮았다고 생각했다. 하지만 동시에 그것이 근대 서구
사상의 자유와는 다른 점이 더 많다는 사실도 지적하였다. 그는
중국의 서(恕)와 혈구는 사람(人)과 사물(物) 모두에 해당하는 말
이지만, 서양인이 말하는 자유는 사물에 대해 주장하는 것이라
고 함으로써 양자의 차이점을 구분하였다.** 그는 자유뿐만 아니
라 "서양인은 평등을 우선시하고, 공(公)으로 천하를 다스리고,
군주보다는 민(民)을 중시한다"***는 등 서구와 중국의 차이점을 비
교적 정확하게 인식하고 있었다.

한마디로 말하자면, 옌푸에게 전통은 양면적 가치를 갖는 것
이었다. 전통은 그에게 한편으로는 극복의 대상이면서, 다른 한

---

* 自由一言, 眞中國歷古聖賢之所深畏, 而從未嘗立以爲敎者也. 「論世變之亟」(嚴復
 1986, 2-3)
** 中國恕與絜矩, 專以待人及物而言. 而西人自由, 則於及物之中, 而實寓所以存我者也
 . (嚴復 1986, 3)
*** 粗擧一二言之, 則如中國最重三綱, 而西人首明平等; 中國親親, 而西人尙賢; 中國以
 孝治天下, 而西人以公治天下; 中國尊主, 而人隆民; 中國貴一道而同風, 而西人喜黨
 居而州處; 中國多忌諱, 而西人衆議評…; 群異叢然以生. 「論世變之亟」(嚴復 1986,
 3)

편으로는 재건의 대상이었다. 그는 전통을 자유주의적인 가치를 중심으로 분해하고 조립하여 새롭게 만들고자 하였다. 그에 의해 재해석된 전통은 더 이상 낡고 쓸모없는 것이 아니라 새롭고 쓸모 있는 현실의 철학이 될 것이었다. 그리고 그가 재해석하고자 하는 전통의 중심에는 노장(老莊) 사상이 있었다.

3. 노장 속에서 민주·과학 사상을 찾다

옌푸는 전통 속에서 서구의 가치들, 즉 자유, 민주, 평등, 인권 등의 요소를 찾고자 했다. 그러나 그는 유가 전통 속에서는 그것을 충분히 발견하지 못했다. 물론 그는 서(恕), 혈구(絜矩)에서 서구의 자유와 유사한 점을 발견하였고, 그것이 서구적 자유의 의미를 이해하는 데 도움이 된다고 보았지만, 같다고는 할 수 없다고도 생각했다.

따라서 그는 중국의 사상 전통에서 서구적 가치들을 발견하기 위한 길을 유가가 아닌 도가에서 찾았다. 그가 노장 사상에서 발견한 서구적 가치는 크게 두 가지로 첫째, 민주·과학 사상, 둘째, 자유주의 사상이다.

옌푸는 특히 황로(黃老) 사상을 민주주의적이라고 생각했다.*
황로 사상은 노장 사상과 법가 사상을 결합한 것이다. 그것은 전
자를 대표하는 노자와, 후자를 대표하는 황제(黃帝)를 사상적 뿌
리로 여기는 사상이다. 사실 노장 사상과 법가 사상은 너무나 성
격이 다르다. 그것은 전자의 무위이치(無爲而治) 사상과 후자의
이법치국(以法治國)을 결합시킨 것이라 할 수 있다. 쉽게 말하자
면, 노자의 정치사상에 법적 틀을 제공한 것이었다. 노장 사상과
법가 사상을 결합시켰다고는 하지만, 주된 것은 노장 사상이었
다. 옌푸는 노장 사상이 민주적인 사상이라고 생각했기 때문에
『노자평어』에서 황로의 도(道)는 민주국가에 사용되는 것이지 군
주국가에서는 사용될 수 없다**고 말하였다. 왜일까?

"무릇 귀한 이는 천한 이를 근본으로 삼고, 윗사람은 아랫사람
을 기초로 삼는다."(故貴以賤爲本, 高以下爲基.『노자』, 39장)라는 노
자의 말을 옌푸는 민주주의적 주장으로 이해했기 때문이다.*** 신
분질서를 기본으로 하고, 그것을 위계적으로 이해했던 고대사
회에서 "아랫사람이 기초"라는 말은 파격적이다. 그리고 다분히

---

* 黃老爲民主治道也.『老子評語』3장 (嚴復 1986, 1076)
** 夫黃老之道, 民主之國之所用也, 故能長而不宰, 無爲而無不爲 ; 君主之國, 未有能用
黃老者也.『老子評語』10장 (嚴復 1986, 1079)
*** 以賤爲本, 以下爲基, 亦民主之說.『老子評語』39장 (嚴復 1986, 1092)

민주적으로 해석될 수 있을 듯하다. 뿐만 아니라 옌푸는『노자』의 "정(正)으로 나라를 다스리고, 기(奇)로써 병사를 부리면, 전쟁을 벌이지 않고도(無事) 천하를 얻는다."(以正治國, 以奇用兵, 以無事取天下,『노자』57장)라는 구절에서도 노자사상의 민주적 성격을 발견하였다. 그는 그것을 "천하를 얻으려면 백성(民)을 주인으로 삼는 정치를 해야 한다"는 뜻이라고 현대적으로 풀이하였다.*

사실 백성을 근본(本)으로 삼는 정치는 전형적인 민본주의로, 민주주의와는 구별해야 한다. 진정한 민주주의라면 백성이 정치에 참여할 수 있어야 한다. 하지만 옌푸가 노장 사상을 민주주의적이라고 생각한 이유는 노장 사상이 백성의 정치참여를 분명히 거부하고 있지도 않기 때문일 것이다. 그것이 노장 사상에 여러 해석의 여지를 남겨주었고, 근대에 이르러 재해석의 기회를 부여받게 된 것이다.

물론 옌푸가 노자에서 발견한 민주주의는 현대 서양의 민주주의와는 사뭇 다르다. 그것은 옌푸가 밝히고 있듯이 고대 중국의 민주주의와 유사하다. 그래서 그것은 서구의 고대 민주주의와도 구별된다. 서구 고대의 민주주의, 즉 아테네의 민주주의가 시민

---

* 取天下者, 民主之政也.『老子評語』81장 (嚴復 1986, 1099)

의 참여를 통한 적극적 민주주의라면, 옌푸가 이해하는 중국 고대의 민주주의는 민(民)을 근본으로 삼는 소극적 민주주의이다. 그러나 만일 근대적 상황에 노장 사상이 적용될 수 있다면, 국가 경영에서 국민의 참여 권한을 확대하는 데 철학적 기반을 마련해줄 수 있다는 점에서 긍정적이라는 것은 분명했다.

옌푸가 노장 사상을 민주주의적이라고 규정한 또 다른 이유는 그가 이해하는 민주주의가 몽테스키외의 『법의 정신』에서의 민주주의와 유사하다고 생각되었기 때문이다. 그는 노자의 소국과민(小國寡民)의 이상이 잘 나타나 있는, "배와 마차가 있지만 탈 필요가 없고, 갑옷과 무기가 있지만 쓸 일이 없으며, 사람들로 하여금 그것을 기록하게 한다. 음식은 맛있게 하고, 옷은 아름답게 하고, 잠자리는 편안하게 하며, 풍속은 즐겁게 한다. 이웃 나라를 바라보고, 닭과 개가 짖는 소리를 듣지만, 죽을 때까지 왕래하지 않는다"*라는 『노자』의 구절을 몽테스키외의 『법의 정신』에서의 민주주의의 참모습에 비유하였다.**

몽테스키외는 민주주의 체제의 전형이 고전적 민주주의라고

---

* 雖有舟輿, 無所乘之; 雖有甲兵, 無有陳之; 使人復結繩而用之. 甘其食, 美其服, 安其居, 樂其俗. 鄰國相望, 雞犬之聲相聞, 民至老死不相往來.(『노자』 80장).
** 『老子評語』 46장 (嚴復 1986, 1095).

생각했는데, 그가 말한 고전적 민주주의는 고대 그리스의 도시 국가의 정치체제를 의미하는 것이었다. 따라서 몽테스키외의 고전적 민주주의는 작은 나라를 모델로 한 것이었다고 할 수 있다. 옌푸는 이 점을 노자가 지향하는 소국과민의 이상과 일치한다고 본 것이다. '소국과민'은 규모는 작고, 인구는 적은 나라를 의미한다. 아테네의 도시국가는 옌푸에게 소국과민의 사례로 비쳐지기에 충분했다.

뿐만 아니라 몽테스키외가 『법의 정신』을 번역한 『법의(法意)』에서 옌푸는 민주제는 도덕에 의한 것이고, 군주제는 예(禮)에 의한 것이며, 전제정은 형(刑)에 의한 것이라고 하였는데, 여기서 옌푸는 민주주의를 도덕에 의한 정치라고 보았다(嚴復 1986, 941)는 점을 주목해야 한다. 몽테스키외가 고전 민주주의의 중요한 덕목으로 강조했던 것은 평등과 검약 등인데(Montesquieu 2001, 60), 옌푸는 몽테스키외의 검약(frugality) 정신이 노자의 소국과민의 이상과 딱 들어맞는다고 생각했다.

노자는 세 가지 보물을 얘기했는데, 그 중 하나가 검소함이다. 노자는 좋은 군주라면 우선 자비로워야 하고, 그다음으로 검소해야 하며, 마지막으로 천하를 위해 나서지 말아야 한다고 했다.* 정치적으로 해석하자면, 검약은 크고 부유한 나라와는 맞지 않는다. 크고 부유한 나라는 백성들이 잘 먹고 잘 사는 것에 만족하지 않는다. 더 많은 힘과 더 많은 부를 원하고, 그것을 위해 다른 나라를 공격하기 마련이다. 노자의 소국과민은 힘과 부를 추구하지 않고, 작은 나라에 만족한다. 작은 나라의 백성들은 자신들이 가진 작은 힘과 부에 만족해야 한다. 옌푸가 자세히 설명하지는 않았지만, 옌푸는 고전적 민주주의의 모습을 노자의 소국과민에서 발견한 것처럼 보인다.

그런데 옌푸가 노장 사상을 이렇듯 민주주의적이라고 보았던 출발점은 그의 자유주의 사상이다. 옌푸는 근대 중국의 제1대 자유주의자라고 불린다. 그만큼 그의 사상에서 자유주의는 아주 중요한 위치를 차지한다. 옌푸는 자유를 민주와 과학의 근본으로 보았다. 옌푸가 보기에 노장 사상은 민주와 과학의 정신을 내포하고 있다. 옌푸의 사상을 한마디로 하면, "자유는 체(體), 민주는 용(用)"(嚴復 1986, 23)이다. 그만큼 그에게 있어 자유는 중요하다. 그래서 옌푸는 노자의 민주주의적 성격보다 자유주의적 성격을 더 중시했다. 그렇다면 옌푸는 노자의 자유주의를 어떻게

---

* 天下皆謂我道大, 似不肖. 夫唯大, 故似不肖. 若肖, 久矣其細也夫. 我有三寶, 持而保之. 一曰慈, 二曰儉, 三曰不敢爲天下先.(『노자』 67장).

이해했을까?

4. 노장에서 자유주의 사상을 찾다

옌푸가 자유를 어떻게 이해하였는가는 그가 밀(J. S. Mill)의 『자유론(On Liberty)』을 번역한 『군기권계론(群己權界論)』에 잘 나타나 있다. 밀은 우리나라에도 잘 알려진 영국의 철학자이다. 그는 논리학, 윤리학, 정치학, 사회학 등 여러 방면에서 두각을 나타냈지만, 영국의 자유주의자로도 유명하다. 특히 밀은 근대 이후의 '자유' 이해에 많은 영향을 미쳤다. 그가 자유를 정의한 이후 많은 사람들이 그의 정의를 따르고 있다. 밀은 자유의 최초의 의미는 "외부의 사물에 의해 구속받지 않는 것", "스스로가 주인이 되되, 방해받지 않는 것"이라고 이해했다.

그에게 자유는 노예(Slavery), 신복(Subjection), 구속(Bondage), 필요(Necessity) 등과 상반되는 것이다(嚴復 1986, 132). 그는 자유와 구속 사이에는 이론적으로 양극단이 존재한다고 생각했다. 한쪽 극단에는 '전능한 자유'(Omnipotence)로서 어떠한 구속도 받지 않는 자유가 있고, 또 다른 한쪽의 극단에는 어떠한 자유도 없는 상태로서, 완전한 속박 상태가 존재한다. 이 양극단 사이에 존재하는 옌푸의 자유에는 사실 여러 층위의 자유가 포함되어 있다.

피허우펑(皮後鋒)에 의하면, 옌푸가 사용한 자유라는 말은 종족적 자유(racial freedom), 국가의 자유(state freedom), 정치적 자유(political freedom), 지방의 자유(local liberty), 개인의 자유(individual freedom), 그리고 정신의 자유(mental freedom)(皮後鋒·匡亞明 2006, 502-507)라는 여섯 가지의 의미가 있다. 물론 옌푸의 자유 개념은 피허우펑이 분석한 것처럼 여러 가지로 해석될 수 있다. 그러나 여기서 간과하지 말아야 할 점은 이들 자유의 출발점이 모두 개인의 자유라는 것이다. 그리고 그(개인의 자유) 사회적 표현은 바로 정치적 자유라는 점이다. 따라서 옌푸에게 정치적 자유는 개인의 자유를 제외한 여러 자유의 출발점이 된다. 다시 말하면 '**개인의 정치적 자유**', 이것이 옌푸의 자유 개념의 핵심이라고 할 수 있다.

물론 옌푸는 밀이 『자유론』에서 언급한 자유의 세 가지 주요 항목, 즉 언론(사상)의 자유, 행위의 자유, 결사의 자유에 대해 충분히 알고 있었다. 이 중 언론의 자유를 옌푸는 "사실을 충실히 말함으로써 진리를 추구하는 것"(平實地說實話求眞理, 嚴復 1986, 134)이라고 이해했다. 이것은 그가 항상 주장했던 민지(民智)와 민덕(民德)을 증진시키기 위해 중요하다고 보았다. 다음으로 그는 "사람은 누구나 행위의 자유를 갖는다"(人人皆有行己之自繇也, J. S. Mill 1903, 12-13)고 생각했다. 그리고 결사의 자유에 대해서는

"뜻이 맞는 자들의 결합"이라고 이해했으며, 유사한 생각과 이익의 결합으로 생각했다. 이렇듯 옌푸의 자유에 대한 이해는 기본적으로 밀의 자유 개념과 일치하고, 그것을 기본적으로 따랐다.

물론 옌푸는 중국인이므로 밀의 자유를 중국어로 표현해야 했고, 그 과정에서 자유에 대한 '중국식' 이해를 할 수밖에 없었다. 옌푸가 이해하는 개인의 자유 개념은 "소기의 자유"(小己自由)라는 말로 표현되는데, 이것은 바로 개인(小己)에 대응하는 국가 또는 사회(群體)의 존재를 전제로 한 것이다. 개인의 자유란 본래 국가나 사회의 억압으로부터의 자유를 의미하고, 그 둘의 관계는 대립적으로 여겨진다. 그러나 옌푸는 그렇게 생각하지 않았다. 옌푸의 자유는 밀 자유주의의 영향으로 사회 안에서의 개인의 자유를 의미했다. 그리고 개인의 자유란 타인에게 해를 입히지 않는 범위 안에서 인정된다(Mill, J. S. 1977, 223)고 보았던 밀과 더불어, 옌푸는 기본적으로 개인의 자유와 사회가 상충하지 않는다고 생각했다. 그는 국가의 이익은 개인의 자유(小己自由)에 부합하고 개인의 자유를 위한 것이며, 개인의 생명이나 재산을 희생하고 국가의 이익을 추구하는 것은 옳지 않다고 생각했다(嚴復 1986, 134).

이러한 옌푸의 자유관은 그의 일생에서 일관되게 유지되었다. 근대 시기 개인의 자유를 보장해 줄 수 있는 국가의 존재 자체가 위협을 받았던 중국의 상황에서, 개인의 자유를 우선적으로 주장하는 것은 시대에 맞지 않고 심지어 어리석은 일로 여겨질 수 있다. 그런 '근대 중국'이라는 특수한 상황에서는 국가의 자유를 우선시할 수 있다. 실제로 옌푸는 물론이고 이후 근대 중국의 많은 자유주의자들이 국가의 자유를 더 우선시하였다. 그러나 그것은 개인의 자유에 대립된 국가의 자유를 중시하는 것을 의미하는 것이 아니라, 타국에 대한 자국의 자유를 옹호하기 위한 것이었다. 옌푸가 중시한 국가의 자유란 이런 의미에서 이해할 수 있다.*

그러나 자유주의자로서 옌푸는 한편으로는 국가의 이익을 위한 개인의 희생은 있을 수 없다고 생각했다.** 그에게 국가의 자유란 개인의 자유에 대립하여 존재하는 것이 아니라, 개인의 자유를 보호하고 보장하기 위해 존재해야 한다. 이런 점에서 그를

---

* 이 때문에 슈월츠(Benjamin I. Schwartz)는 옌푸에게 있어서 개인의 자유는 단지 부강한 국가를 이루기 위한 수단에 지나지 않는다(史華慈, 1989)고 비판한다. 그 근거는 1920년 이후 옌푸가 자녀들에게 쓴 편지 내용이다. "개인과 사회가 대립할 때에는 모름지기 개인보다는 사회를 중시해야 한다."(事遇群己對待之時, 須念己輕群重, 康慧芳 2017, 37). 그런데 이 한마디로 말년의 사상적 전환을 설명하거나 개인의 자유가 부국강병의 수단에 지나지 않는다고 판단하기는 무리가 있다.

** 其所謂國家社會文明福利, 全(舍)其人民之文明福利, 即無可言. … 是治國是者, 必不能以國利之故, 而使小己爲之犧牲. 蓋以小己之利而後立群, 而非以群而有小己, 小己無所利, 則群無所爲立. (嚴復 1986, 559)

분명히 자유주의자로 규정할 수 있다. 그 연장선상에서 옌푸는 노장 사상 속에서도 자유주의적 가치들을 발견하고자 노력했다. 그러므로 어떤 이들이 전통으로 회귀했다고 말하는 옌푸의 국학 연구는 한마디로 자유주의의 중국적 실현을 위한 하나의 시도라고 이해할 수 있다.

어떤 사상을 그 사상이 존재했던 시공간적 상황을 고려하지 않고 이해하고자 하면 왜곡된 이해를 초래할 수도 있다. 이런 점에서 옌푸의 『노자평어(老子評語)』와 『장자평어(莊子評語)』는 큰 문제가 될 수 있다. 하지만 옌푸의 목적은 노장 사상을 제대로 이해하는 것이라기보다는, 『노자』와 『장자』에 평어를 달면서 옌푸 자신의 생각을 표현하는 것, 그리고 노장 사상 속에서 자유주의적 가치를 발견하는 것에 있었기 때문에, 그것은 크게 문제가 되지 않는다. 옌푸가 노장 사상 속에서 서구의 자유주의적 가치와 부합하는 점을 발견하려고 애쓴 이유는 중국 근대의 민지(民智)와 민덕(民德) 향상에 중요한 영향을 줄 수 있기 때문이었다. 중국 근대 지식인들 중에는 전통적 가치를 부정하고 서구적 가치만 추구하는 전면적 서구화, 즉 전반 서화를 주장하는 이들이 있었다(김현주 2017). 그런데 이것은 양무운동의 중체서용적인 시도와 같은 역효과를 초래하였다. 중국의 전통을 부정한다는 것은, 결국 중국의 사상, 즉 정신 자체를 부정하는 것이었기 때문이다. 이는 중국인을 자괴감에 빠지게 하고, 나아가 중국인으로서의 정체성을 부정하는 결과를 초래할 수 있었다. 이런 식의 서구 자유주의의 수용은 중국인에게 맞지도 않는 서양인의 옷을 입히는 것에 불과했다. 이것은 진정한 의미에서의 민지(民智)와 민덕(民德)의 증진에 도움이 될 수 없었다.

옌푸가 노장 사상을 통해 말하고자 한 것은 서양철학에 뒤지지 않는 노장 사상의 철학적 우수성이라기보다는 노장 사상에서도 서구 자유주의적 가치의 원형들을 발견할 수 있다는 것이었다. 이로써 중국인의 정신도 서구의 자유주의 정신과 모순되지 않고, 서구의 우수한 학문과 사상 및 제도 등을 수용하는 것이 중국 고유의 전통과 반드시 어긋나는 것은 아니며, 서구적 가치의 수용이 중국 정신의 전면적 부정을 의미하는 것이 아니라는 점을 피력하고자 한 것이다.

이러한 취지에서 옌푸가 노장 사상에서 발견한 자유주의적 가치들은 자연법, 자유방임, 자유와 평등, 개인 등 자유주의의 핵심 개념들이었다. 무엇보다는 옌푸는 노자의 이상사회를 자유주의적 이상사회에 부합한다고 생각했다. 노자의 이상사회는 "안전하고, 평화롭고, 순조로운"(安, 平, 太) 사회이다. 이 말을 뒤집어보면 '태평'이란 말임을 알 수 있다. 한마디로 '태평한 세상'이라는 말이다. 이에 대해 옌푸는 '안(安)'은 자유를 의미하고, '평(平)'

은 평등을, 그리고 '태(太)'는 합군(合群), 즉 사회를 의미한다고 해석했다.[*] 옌푸가 태평을 자유주의적 이상사회로 이해했음을 알 수 있다. 즉 그는 자유와 평등이 존재하는 사회를 바람직한 사회로 보았다. 이러한 해석은 옌푸의 자유주의를 가장 함축적으로 표현한 것이다.

옌푸는 물론 서구 사회에서 자유와 평등은 종종 상충된다는 점을 인지하고 있었다.[**] 그런 의미에서 자유와 평등이 보장되면서도 평화롭고 안정된 사회는 옌푸 자신의 이상사회라고 할 수 있고, 옌푸가 보기에 그것은 바로 노자의 이상사회인 태평사회와 일치하는 사회이다.[***]

그런데 태평한 사회는 어떻게 가능할 것인가? 그 이치는 바로 『장자』 「양생주」의 "천리에 따른다"(依乎天理)는 말에 나타나 있다고 옌푸는 생각했다. 그는 그것을 "자연에 따라 살아야 한다"(We must live according to nature)라는 의미로 이해했는데, 그의 『평어』에 의하면 천리(天理)는 서구 철학에서 말하는 자연법칙이다.

---

[*] 安, 自由也; 平, 平等也; 太, 合群也. 『老子評語』 35장 (嚴復 1986a, 1090).

[**] 挽近歐西平等自由之旨, 莊生往往發之. 詳玩其說, 皆可見也. 如此段言平等, 前段言自由之反是已.(此批在"陽子居南之沛"段) (嚴復 1986, 1146).

[***] 故今日之治, 莫貴乎崇尚自由. 自由, 則物各得其所自致, 而天擇之用存其最宜, 太平之盛可不期而自至. 『老子評語』 18장 (嚴復 1986, 1082)

노장 사상은 보통『장자』「재유(在宥)」에 나오는 무위이치(無爲而 治)의 정치 원리로 함축될 수 있는데, 옌푸가 이를 '자유방임주의'로 이해한 것도 같은 맥락이다. 여기서 옌푸는 황로 사상을 들어 자유주의적 경제 원리를 옹호하고 있다.

그는 황로 사상에서 말하는 무위(無爲)는 아무것도 하지 않는 불위(不爲)가 아니라고 하면서(嚴復 1986, 1079), 민주주의 국가에서 무위의 필요성을 주장하였다. 이는 옌푸가 국가의 역할을 최소한으로 인정하는 자유방임에 대해 긍정적이었다는 점을 보여준다. 이 점은『장자』「응제왕」에 나오는 '혼돈의 죽음' 이야기에 대해서 옌푸가 "나라를 다스림에 있어서 자연에 따라야 하며, 자유롭게 해야 하고, 지나친 간섭을 하지 말아야 한다(嚴復 1986, 1118)."라는 뜻으로 이해한 것을 보면 좀 더 분명하다. 따라서 그는 황로 사상에서 말하는 정치란 바로 "정사를 행함에 있어서 백성이 스스로 자유롭다는 것을 이해하고, 그렇게 행해야 하며, 그 후에 민(民)이 각자 천직을 다하고 의무를 다하도록 해야" 하는 것이라 할 수 있고, 그렇게 되어야 비로소 "백성이 진화되는 시기가 시작"될 수 있는 것이라고 생각했다(嚴復 1986, 1118).

이상을 정리하면, 옌푸에게 있어서 노장 사상은 정치적으로는 민주주의적이고, 경제적으로는 자유주의적이며, 철학적으로는 개인주의적이다. 그는『장자』「재유」의 "나는 그 하나를 지키고,

… 사람들은 모두 그것을 마침이 있다고 여긴다."(我守其一, … 而人皆以爲有終.)를 해석하면서, 묵자 사상을 사회주의로 분류하고, 그와 대비시켜 노장 사상을 양주의 개인주의와 연관시켜 이해하였다(嚴復 1986, 1126).

그는 또한 양주의 위아(爲我) 사상을 서구의 개인주의로 이해하였다.* 이로써 옌푸가 개인주의를 기초로 하는 서구 자유주의를 옹호한다는 사실을 알 수 있다. 서구 자유주의의 핵심은 '개인'이고, 개인의 자유와 평등이라는 권리의 보호를 목적으로 한다는 점에서 더욱 그렇다.

이렇게 옌푸는 노장 사상에서 개인주의, 민주주의, 자유주의 등 서구 사상의 자유주의적 요소를 찾아내고자 노력했고, 그것을 서로 결합시켰다. 옌푸가 본 노장 사상은 개인과 사회, 자유와 평등, 혹은 자유와 민주가 모순 없이 작동하여 노자의 이상사회를 실현해 나간다. 이것은 서로 상충하는 듯이 보이는 자유주의적 가치들이 화합될 수 있는 가능성을 옌푸가 의식적으로든

---

* 옌푸 이후, 현재의 중국학계에서는 양주사상을 개인주의로 이해하는 경향이 지배적이다. 徐强, 李容,「國外漢學界關於楊朱利己主義或個人主義的相關研究」,『長江叢刊』2016; 唐梵淩,「楊朱的個人本位思想及倫理原則」,『陰山學刊』第2期(2017); 王海明,「個人主義辨析 ——楊朱, 莊子, 尼采, 海德格爾, 薩特倫理觀之比較」,『首都師範大學學報: 社會科學版』第1期(1990).

무의식적으로든 믿고 있었음을 보여주는 것이고, 그가 보기에 그 가능성은 천리(天理)라는 자연법에 따르는 무위이치(無爲而治), 즉 자유주의적 정치 및 경제 원리의 실현을 통해서라는 것을 말해주는 것이다.

5. 노장 사상을 현대화하다

옌푸는 중국이 서구에 뒤쳐진 이유를 "학술적으로는 거짓을 배격하고 진리를 숭배하며, 정치적으로는 사를 굽히고 공을 추구"(於學術則黜僞而崇眞, 於刑政則屈私以爲公)하는 서양 학문의 정신이 중국에는 결여된 데에 있다고 생각했다(嚴復 1986, 2). 그러나 중국에도 실사구시(實事求是)의 정신이 있는 만큼 그러한 "거짓을 배격하고, 진리를 숭배"하는 정신이 전혀 없다고는 볼 수 없는 노릇이었다. 그런데 중국에서 그러한 정신이 활성화되지 못한 이유는 무엇일까? 그리하여 중국과 서구의 격차가 커진 이유는 무엇일까? 이것이 옌푸의 문제의식이었다.

옌푸는 중국 사상과 서구 사상의 차이는 무엇보다도 자유와 부자유 문제에 있다고 생각했다.[*] 사상의 자유는 사상의 발전의 가장 근본적이고 중요한 요소이다. 그것은 인간 자신이 자기의 주인임을 보여주는 핵심 지표이다. 만일 한 사람의 사상이 타인의 지배와 통제 하에 놓인다면, 그것은 그가 완전하고 자유로운 인격체가 되지 못한다는 의미이다. 이것은 오늘날 한국 사회에도 시사하는 바가 크다. 한국사회는 언제나 작은 문제에도 시끌벅적해서, 어떤 이는 통일적 의견이 없다고 한탄하고, 어떤 이는 헛소리를 못하게 해야 한다고 외친다. 그러나 그런 생각은 잘못된 것이다. 이 점은 중국의 과거나 현재를 보면 알 수 있다. 한국의 사회와 문화에서의 창의성은 모두 자유를 기반으로 한 것이다. 누구나 떠들 수 있고, 누구나 비판할 수 있어야 더 좋은 생각이 나온다.

노장 사상은 옌푸의 그러한 아쉬움을 잘 보여주는 예의 하나이다. 만일 중국이 근대 이전에 그런 자유로운 정신을 허용했다면, 노장 사상이 함유한 민주주의적이며 자유주의적 사상들은 유학의 그늘에 가려져 간과되지도 않았을 것이고, 근대에서야 재발견되고 재해석되지도 않았을 것이다. 옌푸가 보기에 노장

---

[*]   自由不自由異耳! (嚴復 1986, 2)

사상은, 정치적인 면에서는 민주주의적이고 경제적인 면에서는 자유주의적이며, 철학적인 면에서는 개인주의적이다. 노장 사상의 소국과민의 지향은 백성을 우선으로 하는 민주적인 정치적 입장을 보여주는 것이다. 또한 무위이치로 표현되는 무위 사상은 경제적 자유방임주의를 나타내는 것이다. 또한 옌푸는 노장 사상을 양주의 개인주의와 연관시켜 개인주의적이라고 이해했다. 나아가 옌푸는 양주의 위아 사상이 노자에서 유래했다고 주장한다.[*]

　일반적으로 많은 사람들이 중국에는 개인주의가 없다고 말한다. 그러나 옌푸가 양주를 발견한 이후 오늘날에는 중국에도 개인주의가 있었다고 얘기하게 되었다. 물론 양주의 사상이 서양의 개인주의와 같은 것이라고는 할 수 없다. 왜냐하면 서양의 개인은 권리의 주체이고, 사회와 국가를 형성한 주체이기도 하기 때문이다. 그래서 서양의 개인은 계속해서 사회와 국가에서 자신의 권리를 주장하는 존재가 되었고, 사회와 국가에 대립하는 존재로 여겨지고 있다. 그러나 양주는 물론이고 동양사상에서 권리가 논의된 것은 근대에서나 이루어진 일이었기 때문에 그것

* 『莊子評語』(嚴復 1986, 1147)

은 분명히 구별해야 한다. 그렇지만 옌푸가 양주를 개인주의로 본 이유, 그리고 그 기원을 노자에게서 찾은 것은 국가 또는 통치자에게 개인보다는 좀 더 집합적인 존재인 백성의 중요성을 얘기하고, 백성의 고유한 본성을 지켜주어야 한다고 주장했기 때문이다. 그리고 그 고유한 본성을 옌푸는 '자유'라고 본 것이다.

옌푸가 이렇듯 노자와 장자의 사상을 자유주의적이라고 보았던 것은 노장 사상이 인의(仁義)를 강조하고, 유위(有爲)를 통한 정치를 강조하는 유가와 같이 출세(出世)적 학문이 아니라는 점을 그 근거로 들었다. 출세적 학문을 지향했다면, 노자, 장자, 양주 모두 정치판에 발을 들여놓고 더 높은 자리, 더 많은 권력을 가지려고 안달을 했을 것이다. 그 대표적인 학문이 바로 유학이라고 옌푸는 보았다. 물론 옌푸도 과거시험을 통해 관직을 얻어 출사(出仕)하려 했다. 그러나 그것은 세속적인 의미에서 출세하려는 것과는 결이 달랐다. 우선 옌푸가 존경했던 그의 아버지를 보면 알 수 있다. 옌푸의 아버지는 한의사였는데, 젊은 나이에 생을 마감했다. 그가 살던 마을에 전염병이 유행했는데, 그는 이를 피하지 않고 마을에 남아 병자를 치료하다 감염되었다. 아버지의 태도는 어린 옌푸에게 선한 영향을 끼친 것으로 보인다. 이 점은 평생의 옌푸의 학문적 태도를 보면 알 수 있다. 옌푸는 언제나 중국과 세계를 생각했고, 어떻게 하면 중국인들의 생각을 깨우칠 수 있는지 고심했다. 지금의 한국사회는 자본주의와 개인주의가 팽배한 사회라고들 말한다. 누구나 돈이 있어야 인간답게 살 수 있다고 생각하고, 자신의 안위와 이익을 최우선으로 생각한다. 직장이나 사회에서 갑질이 큰 사회적 문제가 되기도 한다. 내가 아니라 남을 생각한다는 것은 쉬운 일이 아니라고들 생각한다.

나만이 아니라 남을 먼저, 혹은 함께 생각한다는 것에는 나의 자유만이 아니라 남의 자유도 생각한다는 의미가 있다. 다른 사람도 자유를 누릴 수 있고, 누려야 한다는 것을 인식하며 인정한다는 것이다. 이미 한국사회에서는 누구나 자유가 있다는 것쯤은 다들 알고 있다. 그런데 한편에서는 여전히 자신이 법보다 위에 있고, 자신만 자유를 누린다고 여기는 사람들도 있다. 그것은 자유를 제대로 이해하고 있지 못하다는 반증이다. 옌푸가 자유를 몰라 나라를 잃었다고 생각한 근대의 중국인들과 한 치도 다르지 않다. 그런 점에서 오늘날에도 옌푸의 노자에 대한 자유주의적 해석은 의미가 있다.

다만 옌푸의 『노자평어』와 『장자평어』에 나타난 간략한 주석만으로 노장 사상에 대한 옌푸의 견해를 자세히 파악하는 것은 사실상 어려운 일이다. 하지만 옌푸가 노장 사상을 자유주의적으로 해석하고 규정하려고 노력했다는 점만은 확실히 알 수 있다. 노장 사상은 옌푸에게 있어서 중국의 전통에 대해 자유주의적 해석을 가능하게 해주는 중요한 역사적 자료이다. 이것은 근대 중국이 새로운 시대와 요구에 맞게 재형성해야 할 중국 근대 사상의 새로운 출발점을 제공해준다는 점에서 의의가 있으며, 그 출발점이 바로 고대 중국의 자유주의 사상이라는 점에서 더 큰 의의가 있다.

옌푸는 근대 중국이 거듭나기 위해 필요한 새로운 사상은 자유주의라는 것을 의심하지 않았으며, 그것은 중국인의 정신 속에 있는 자유주의 정신의 발견을 통해서라고 생각하였다. 이것은 서구 철학의 뿌리가 중국철학이라는 억지 주장이 아니며, 오히려 중국의 고대 철학, 특히 노장 철학에서 서구 철학적 요소들, 그중에서도 자유주의적 요소들을 발견하고자 한 시도의 하나로 이해해야 할 것이다.

현대 중국에서도 노장 사상은 주목을 받고 있다. 한편으로는 수양의 문제에 주목하고, 다른 한편으로는 사회적 품성의 문제에 주목한다. 노장 사상에 대해 옌푸는 '자유주의적'이라고 생각했지만, 사회주의 국가인 현대 중국에서 자유주의는 긍정적으로 여겨지지 않는다. 많은 중국인들도 자신이 사회주의 국가에 살고 있다는 사실을 망각하고 있지만, 중국 헌법에는 분명하게 명시되어 있다. 그러나 개혁개방과 함께 중국이 시장경제를 받아들이게 된 이후, 중국 사회도 조금은 자유주의적이 되었다는 것을 부정할 수는 없다. 그래서 많은 중국인들이 자신이 사회주의 국가가 아니라 자유주의 국가에 살고 있다는 착각을 하게 된 것이다. 정도의 차이는 있지만, 중국에도 언론의 자유, 집회의 자유, 결사의 자유 등이 보장된다. 요즘은 인터넷이 보급되어 SNS를 통해 자신의 의견이나 소식을 전파하기도 한다. 우리나라에도 잘 알려져 있는 중국의 인터넷 인플루엔서들을 "왕홍"이라고 부르는데, 그들이 중국의 채팅 앱인 틱톡 등을 통해 벌어들이는 수익이 어마어마하다. 그리고 그중에는 정치적 의견을 주장하는 사람도 당연히 있고, 정부를 비판하는 사람도 있다. 90년대만 해도 중국에는 시민사회가 존재하지 않는다고 단언하는 학자들이 많았지만, 요즘은 그렇지 않다. 미국이나 유럽 사회와 똑같지는 않지만, 중국에도 시민사회가 존재하고, 자유도 민주도 얘기할 수 있다. 다만 중국정부는 자신들의 입장을 강요한다. 그리고 시민들이 정치적인 얘기를 하거나 정부를 비판하는 것을 좋아하지 않는다. 그래서 노장 사상에 대해서도 정치적인 점보다는 개인적인 수양의 문제나 사회적 품성의 문제에 주목하는 것이다.

노장 사상은 기본적으로 양생을 중시한다. 개인적 수양을 통해 더 오래, 더 잘 살기를 추구한다. 오늘날 우리도 그 점을 중시한다. 한국이나 중국 모두 건강식품이 잘 팔리는 나라라는 것도 그것을 보여준다. 그런 점에서 노장 사상은 오늘날 충분한 유의미한 반응을 얻을 수 있다. 노장 사상에서 강조하는 사회적 품성은 각자 자신에 맞는 일을 하고, 그것에 자족하며 검소하고 소박한 삶을 살고자 하는 것이다. 그래서 노자는 욕심을 부리지 말라고 했고, 잘난 체 하지 말라고 했다. 그것은 오늘날 경쟁이 과도한 사회에서 스트레스가 최고치에 이른 우리에게 필요한 가르침이다.

그러나 옌푸가 주목했던 것은 노장 사상의 이런 점이 아니라 정치적인 측면이다. 자유와 민주는 근대 중국의 5·4운동 시기의 양대 기치였다. 세상을 바꾸고 싶었던 사람들은 자유와 민주가 중국을 새롭게 바꿔줄 것이라고 믿었다. 옌푸도 마찬가지였다. 그 이유는 옌푸가 노장 사상에서 발견하고자 했지만, 사실 중국의 전통적 사상에서 자유와 민주라는 두 가지 가치를 발견하기는 쉽지 않았기 때문이다. 다시 말하면, 중국 사회에서 수천 년간 자유와 민주는 찾아보기 힘들었다는 얘기이다. 그래서 옌푸의 노장 사상 해석을 '현대적' 해석이라고 부를 수 있는 것이다.

물론 어떤 사람은 그런 옌푸의 노력을 견강부회, 아전인수라고 비난한다. 그러나 당시의 중국을 생각한다면, 옌푸의 노력을 별 것 아닌 것으로 간단히 치부하기는 쉽지 않다. 지금 우리가 다시 노자나 장자의 얘기를 들여다보는 것은 왜일까? 지금 우리가 살고 있는 이 사회의 문제를 해결하기 위한 것이 아닌가? 우리가 지금 알고 있는 과학적 지식만으로는 해결할 수 없기 때문이 아닌가? 그래서 조금의 혜안이라도 얻고 싶기 때문이 아닌가? 우리에게는 도표와 데이터가 필요한 것이 아니다. 생각할 수 있는 힘이 필요하다. 사상적 자원이 필요하다. 그래서 노자와 장자를 읽고 있고, 옌푸의 새로운 해석을 이해하려고 하는 것이다. 그것을 통해 우리가 우리에게 맞는 '새로운' 노자와 장자를 탄생시키고자 하는 것이다.

오늘날 노자를 읽는 사람들은 현대사회의 문제에 착안점을 두고 노자를 읽는다. 현대사회에서 우리가 해결해야 하는 문제들은 산더미 같지만, 노자를 좋아하는 사람들은 생태 문제에 특히 주목한다. 옌푸의 시대에 자유와 민주가 필요했듯이, 오늘날 우리들에게는 생태가 필요하기 때문일 것이다. 그 둘은 일맥상통한다. 그것은 생태문제의 출발점에 자유와 민주의 문제가 자리 잡고 있기 때문이다. 물론 이것은 옌푸가 생각하지 못했던 점이기는 하다. 옌푸의 시대에는 중국 사회에 자유와 민주가 제대로 보장되지 않았기 때문에 그 한계에 대해서는 생각하지 못했고, 생각할 필요도 없었을 것이다. 그러나 노자와 장자는 그것을 알고 있었다. 그것이 옌푸가 노장에서 자유와 민주를 찾아낸 것이 정말 탁월한 선택이었다는 점을 보여주는 것이다.

오늘날 우리는 충분히 자유롭고 민주적인 사회에 살고 있다고 확신하고 있다. 그러나 정말 그럴까 다시 생각해 보아야 한다. 자유와 민주는 옌푸만의 문제인가? 근대 중국인들만의 문제인가? 독재국가만의 문제인가? 아니다. 그것은 아직도 우리들의 문제이다. 아직도 우리는 충분히 자유롭고 민주적인 사회에 살고 있지 않기 때문이다. 그리고 더 심각한 것은 무엇이 자유인지, 민주인지 알지 못한다는 점이다. 옌푸를 통해, 노자와 장자를 통해, 생각할 수 있는 힘을 얻고, 그리고 나서 다시 자유가 무엇인지, 민주가 무엇인지 따져보아야 한다. 그런 점에서 19세기 옌푸의 고민은 오늘날 우리에게도 유의미하다. 다행히 우리는 그때보다 더 좋은 환경에 있고, 옌푸가 미처 이루지 못한 꿈을 실현할 수 있다.

05

신이 된 노자,
경전이 된 『도덕경』

한승훈

1. 도교란 무엇인가?

고대로부터 동북아시아에는 불교, 그리스도교, 마니교, 유대교, 이슬람교 등 다양한 외래 종교전통이 유입되어 있었다. 불교는 후한 시기(25-220) 실크로드를 따라 유입된 후 오늘날까지 이 지역의 주요 종교 가운데 하나가 되었다. 781년에 세워진 '대진경교유행중국비'(大秦景教流行中國碑)에는 당시 당나라에 네스토리우스파 계통의 그리스도교가 전파된 지 이미 100년이 넘었다는 기록이 있다. 16세기 이후에는 페르시아에서 유래한 종교인 마니교도 '끽채사마'(喫菜事魔), '명교'(明教) 등의 이름으로 오랜 기간 지속하며 자생적인 민간종교 결사들에 많은 영향을 미쳤다. 유대교와 이슬람교 공동체 역시 존재했다. 개봉(開封)의 유대인 공동체는 명대까지 번성했고, 청대의 이슬람 학자 유지(劉智)는 유교의 언어로 꾸란을 해석한 여러 권의 책을 내기도 하였다.

이처럼 우리의 상식보다 다양한 종교가 전파되어 있기는 했지만, 동북아시아의 종교전통을 대표하는 것은 역시 유, 불, 도의 삼교(三教)다. 삼교는 서로 구분되고 소통 가능한 세 가지 진리 체계로, 때로는 상호 보완, 시기에 따라서는 경쟁하는 관계라고 여겨졌다. 이들은 각각의 조직과 제도, 경전을 갖추고 국가 통치 체제 내에서 일정한 역할을 분담하였다.

이 가운데 유교는 별도의 교단을 이루기보다는 지배 엘리트의 공공종교로서 기능했다. 유교 경전과 그 주석서들은 고위관료로 진출하기 위한 필수 코스였던 과거시험의 핵심 교재였다. 따라서 지배층이 되기 위해서는 유자(儒者)로서의 정체성을 정립하는 것이 필수적이었다. 과거제도가 나타나지 않은 일본에서도 유교적 지식은 상류층의 중요한 교양으로 여겨졌다. 그러나 유교는 일상적인 복을 빌거나 영적인 수행을 하는 데 그리 적합한 체제가 아니었다. 따라서 그런 수요가 많은 민간신앙으로의 침투력은 비교적 낮았다. 반면 국가 제사, 조상숭배 등의 의례 영역에서는, 그리고 공적인 제도를 만들기 위한 사상적 기반으로서는 강세를 보였다.

불교는 외래 종교에서 기원했으나 동아시아에서 독자적인 교단, 경전, 수행론이 등장하면서 현지화되었다. 방대한 불교 경전은 대단히 이른 시기에 이 지역의 공용어인 한문으로 번역되었고, 때로는 창작되기도 하였다. 한국, 중국, 일본 등에서는 주요 경전이나 인물을 중심으로 한 다양한 종단들이 창시되었으며 전문적인 승려 집단이 활발하게 활동하였다. 특히 한반도와 일본에서는 고대 국가의 통합에 있어서도 중요한 기능을 하였으며, 유교와는 달리 민간 영역에서도 많은 신자들을 확보하였다. 전근대 시기 동북아시아 대부분의 지역, 계층에서 가장 보편적인 제도종교가 된 것은 불교였던 셈이다.

한편 한국인들에게 도교는 유교, 불교에 비하면 낯설다. 도교는 기본적으로는 불교와 마찬가지로 교단 체제가 발달한 제도종교지만, 고전 종교문화와 민간신앙의 요소들을 폭넓게 받아들이면서 강력한 생명력을 유지하였다. 그러나 그 직접적인 영향력은 오늘날의 중화권 지역에 한정되어 있어서, 동북아시아 전역에서 번성했던 불교와는 달리 한국, 일본에서는 교단의 유입, 발전이 미미했다. 그러나 교단 조직이 미약했던 지역에서마저도 도교의 범주에 포함될 수 있는 신선사상, 술수 등은 기층문화에 장기적이고도 깊은 영향을 주었다.

오늘날 도교는 중국인의 '민족종교'로 여겨지고 있다. 중국 대륙과 대만을 중심으로 한 중화권 지역은 물론이고, 세계 각지의 한족 디아스포라에서도 문화적 구심점 역할을 하고 있는 것이다. 전문화된 출가 도사들을 중심으로 한 도교 교단의 영향력은 전근대에 비하면 많이 약해졌지만, 『삼국지』의 영웅인 관제(關帝:

관우)와 바다의 여신 마조(媽祖)에 대한 신앙은 오히려 국경을 넘어 지구적으로 성행하고 있다. 대만과 홍콩에서는 구석구석에 도관(道觀)과 신전이 있어서 기도하고 점을 치는 사람들로 붐빈다. 전 세계 곳곳의 차이나타운에도 도교의 신을 모시는 사당들이 있어서 주민들의 발길이 끊이지 않는다.

그렇다면 우리가 이 책에서 다루는 노자 사상과 도교 사이에는 어떤 관계가 있을까? 우주의 근원인 도(道)와 무위(無爲)의 삶을 다루는 『도덕경』은 영원한 삶을 누리는 신선이 되고자 하는 도교적 수행이나 화려한 신상에 향을 사르며 장수와 부귀를 축원하는 신자들의 모습과는 거리가 멀어 보인다. 그러나 유교의 공자, 불교의 석가모니에 해당하는 도교의 인물을 단 한 사람 꼽는다면 그것은 이론의 여지없이 노자다. 노자는 태상노군(太上老君)이라고 불리는 도교의 최고신 가운데 하나이며, 그가 남긴 『도덕경』은 『도덕진경(道德眞經)』이라는 이름의 핵심적인 도교 경전이다.

이런 문제 때문에 과거에 많은 학자들은 '철학적인 도가 사상'(Philosophical Taoism)과 '종교적인 도교'(Religious Taoism)를 구분해서 다루어 왔다. 그러나 이 구분은 후대에 만들어진 것이다. 근대의 지식체계는 종교와 철학을 구분한다. 따라서 주제나 문제의식의 측면에서 근대 서유럽의 철학과 호환될 수 있는 사상적 측면만이 따로 분리되어 '동양철학'의 일부가 되고, 그 외의 실천이나 제도적 측면들은 '종교' 범주에서 다루어지게 된 것이다. 그러나 역사적으로는 두 가지 측면이 복잡하게 얽인 다양한 교단, 사상, 인물들이 등장한다. 물론 전근대 시기에도 엘리트들만이 접근할 수 있는 심오한 노장(老莊) 사상이 교단도교가 영향을 미치는 범위를 넘어서 논의되는 일은 흔했다. 그러나 종교로서의 도교는 그런 '철학적' 요소들과 분리되어 있는 것이 아니라 그것을 포함한 무언가이다. '철학적인 불교', '철학적인 기독교'가 그 전통 전체와 따로 분리되어 존재하는 것이 아닌 것과 마찬가지다.

그렇다면 도교는 무엇인가? 학문적인 개념 정의가 참고가 될 수 있겠으나, 이 도교 정의들은 너무나 다양하고 모호해서 대체 도교라는 실체가 존재하기는 하는지 의문이 들 정도이다. 대표적인 두 가지를 들어 보자. 첫 번째는 구보 노리타다(窪德忠)가 『도교사(道教史)』(山川出版社, 1977)에서 제안한 것이다. 구보는 도교가 "고대 민간신앙을 기반으로 하고 신선설을 중심으로 하며 그것에 도가, 주역, 음양, 오행, 참위, 의학, 점성 등의 설과 무속신앙을 더하고 불교의 조직과 체제를 모방해 종합한, 불로장생을 주된 목적으로 하는 주술종교적인 경향이 강한 현세 이익적인 자연종교"라고 규정하였다. 두 번째는 임계유(任繼愈)의 정의다. 그는 "도교는 중국에서 발생한 전통종교이다. 이는 고대의 신선사상, 도가학설, 귀신제사 및 점복 참위 부록 주술 등의 무술 (巫術)을 종합하여 이루어 낸 산물이다."라고 했다.

이들은 민간신앙, 신선사상, 무속, 음양오행, 주역 등 대단히 이질적인 요소를 도교의 범주에 포함시킨다는 점에서는 같다. 다만 구보가 도교를 '현세이익적인 자연종교', 임계유가 '중국에서 발생한 전통종교'라고 각기 규정하는 것은 흥미롭다. 실제로 도교는 가장 엘리트적인 수행론에서마저도 '무한한 수명'이라는 현세적 요구를 강조하며, 동북아시아에서도 유독 중국의 문화적 전통과 밀접하게 결합되어 있는 것으로 여겨진다는 특징이 있다.

2. 도교의 네 가지 요소

도교의 이런 특징을 염두에 두고 구체적으로 도교 전통에는 어떤 종교적 요소가 포함되는지를 살펴보자. 여기에서는 구보 노리타다의 구분에 따라 크게 네 가지 측면에 주목하려고 한다. 교학(敎學), 방술(方術), 양생술(養生術), 윤리(倫理)가 그것이다.

첫째, 도교의 교학에는 우주가 어떻게 생성되었는지, 만물의 근원인 도가 어디서 기원하여 어떻게 전개되었는지, 천계에는 어떤 종류가 있는지, 신과 선인들은 어떤 이들이 있는지, 지옥은 어떻게 구성되어 있는지 등 다양한 문제가 포함된다. 도교의 교학은 이미 발달된 경전 체제를 가진 채로 동북아시아에 유입된 불교의 영향을 강하게 받았다. 그러나 세부 내용을 살펴보면 도가 사상과 토착적인 전통을 강하게 반영하고 있다.

도교 교학에 미친 불교의 영향은 경전에 대한 태도에서도 확인할 수 있다. 고전적인 종교 경전은 일반적으로 한 권의 두꺼운 책이 아니라 '목록'의 형태로 만들어진다. 유교의 오경, 그리스도교 성경, 이슬람교의 꾸란 등은 경전으로 인정된 책이나 문서들의 모음인 셈이다. 그러나 유교, 그리스도교, 이슬람교 등은 창시 초기에 한 번 정해진 경전 목록이 대체로 고정되어 있어서, 종교개혁 수준의 혁신이나 교파 분열이 일어나지 않는 한 그 목록이 변하는 일은 좀처럼 일어나지 않는다. 경전 이후에 등장하는 문헌들은 아무리 중요하게 여겨진다 하더라도 경전에 포함되지는 않는다.

그러나 불교의 경우에는 경전의 목록이 비교적 유동적이고 개방되어 있어서 후대에 만들어진 주석서나 역사서 등도 추가되는 경우가 많다. 그래서 불교의 대장경은 초기 문헌만이 아니라 권위를 인정받는 책들을 두루 포함하는 '도서관' 규모의 문서고 형태를 이루게 된다. 도교도 이와 비슷한 체제를 가지고 있다. 그래서 불교의 '대장경'에 해당하는 '도장'(道藏)이 각 시대마다 편찬되어 그 시대의 도교 서적들을 총망라해 온 것이다.

그 가운데 오늘날까지도 가장 널리 통용되는 도장 목록이 바로 『정통도장(正統道藏)』과 『만력속도장(萬曆續道藏)』이다. 명 정통 10년(1445년)에 완성되어 '정통도장'이라는 이름이 붙은 목록에는 총 5,305권의 다양한 서적들이 포함되어 있다. 여기에 1607년에 간행된 180권의 『만력속도장』을 합친 5,485권이 이후 표준적인 도교 경전이 되었다. 경판의 수가 121,589장이니, 81,352장으로 되어 있는 해인사의 『팔만대장경』을 아득히 뛰어넘는 분량이다.

도교 경전(도장)의 체제 (3동 4보 12류)

① 삼동(三洞) - 도교의 세 최고신이 세상에 전했다고 하는 경전들.

　동진부(洞眞部): 원시천존(元始天尊).

　동현부(洞玄部): 태상도군(太上道君).

　동신부(洞神部): 태상노군(太上老君).

② 사보(四輔) - 삼동을 보충하는 책들.

　태현부(太玄部): 동진부의 보충.

　태평부(太平部): 동현부의 보충.

　태청부(太淸部): 동신부의 보충.

　정일부(正一部): 삼동과 두루 관련.

이 수많은 경전은 위와 같이 3동과 4보라는 체계에 따라 분류되어 있다. 3동은 각각의 경전이 어느 신에게서 비롯한 것인지를 나타내며, 4보는 그들을 보충하는 경전들이다. 그러나 이런 분류로는 경전의 성격이나 내용을 알 수 없기 때문에 다시 12류라는 분류체계가 필요해진다.

③ 십이류(十二類) - 내용에 따라 각 동을 12종류로 분류

본문류(本文類): 산문으로 된 경전들.

신부류(神符類): 부적을 다루거나 해설한 책들.

옥결류(玉訣類): 경전에 대한 주석과 해설서들.

영도류(靈圖類): 그림을 위주로 한 책, 본문을 표로 만든 것들.

보록류(譜錄類): 신과 선인들의 계보와 전기.

계율류(戒律類): 계율과 법률에 대한 책들.

위의류(威儀類): 의례 수행과 관련된 매뉴얼들.

방법류(方法類): 수련을 통해 자신을 다스리는 법.

중술류(衆術類): 연단, 술수, 양생 등 각종 방술.

기전류(記傳類): 여러 신선들의 전기, 비명, 도관들의 지리지.

찬송류(贊頌類): 시 형식의 찬가와 게송들.

장표류(章表類): 신에게 바치는 제문들.

이에 따르면 도교 경전에는 『도덕경』 같은 '본문류'만이 아니라 계율, 시, 제문, 부적, 주술, 전기 등 수많은 장르의 글들이 포함되어 있다.

도교의 둘째 요소인 방술에는 점복, 점성술, 주문, 기도, 제사 등이 포함된다. 이들에 대한 내용이 경전에 포함되어 있다는 점에서도 알 수 있듯이, 도교는 주술적 실천들을 공식적으로 인정하는 종교전통이다. 대부분의 제도종교가 엄격하게 규정된 의례 이외의 술법들을 금지하거나 비공식적인 영역에 남겨 두는 것과는 달리, 도교는 다양한 술수들을 종교적 실천의 중요한 요소로 받아들이고 있는 것이다. 여기에는 도교문화를 구성하는 중요한 요소인 고대의 무속 전통이 강하게 반영되어 있다. 민간의 종교 전문인인 무당이 제도적 조직을 갖추지 않은 채 활동한 한반도 지역과는 달리, 도교가 성행한 지역에서는 비슷한 실천들이 도교 전통의 일부가 되었던 것이다.

이것은 도사들이 신자들의 종교적 수요에 응하고, 민간신앙 속에 도교적 요소들이 쉽게 스며들 수 있는 중요한 요인이 되었다. 복을 빌고 재앙을 물리치는 것은 사람들이 종교에 기대하는 중요한 수요이기 때문이다. 20세기에 유행한 홍콩의 강시 영화에서 부적과 술법을 이용하여 움직이는 시체인 강시를 물리치는 도사들의 이미지는 이런 전통을 강하게 반영하고 있다. 도교의 방술 가운데에는 전문가인 도사가 아니라도 비교적 쉽게 배워서 실천할 수 있는 자잘한 술법들도 있다. 일례로 아래에 소개한 '고치법'은 위아래의 이를 맞부딪쳐서 악귀를 몰아내고 나쁜 일을 피하는 방법이다.

〈고치법(叩齒法)〉

악귀는 이빨 맞부딪치는 소리를 무서워하기 때문에 자주 이를 맞부딪치면 악귀가 가까이 올 수 없게 되고 자연히 장생할 수 있게 된다. 때문에 어두운 밤에 길을 걸을 때에는 당연히 이를 맞부딪치지 않으면 안 된다. 그 방법으로는 왼쪽 이빨을 맞부딪치는 '타천종'(打天鐘), 오른쪽 이빨을 맞부딪치는 '추천경'(搥天磬), 앞니를 맞부딪치는 '명천고'(鳴天鼓)가 있다. 만약에 흉악하고 나쁜 일을 당했을 때에는 '타천종'을 36회 한다. 사귀를 쫓고 신에게 주문을 외는 경우에는 '추천경'을 36회 한다. 진령(眞靈)을 불러내어 정신통일을 할 때에는 '명천고'를 하는데 그때에는 앞니 네 개를 정확하게 맞추어야 하며 입을 다물고 볼을 크게 부풀게 해서 소리가 진동되는 것처럼 해야 한다.

-『운급칠첨』권45

구보는 도교의 셋째 요소로 양생술을 들고 있다. 이것은 넓은 의미에서는 위의 방술에 포함될 수 있겠지만, 좀 더 구체적인 목적, 즉 불로장생을 위해 이루어지는 실천들이다. 동진(東晉)의 갈홍(葛洪)이 쓴 것으로 알려진 『포박자(抱朴子)』에서는 도교의 양생술에 대해 다음과 같이 말하고 있다.

> 어떤 사람이 물었다. "도를 행하는 사람은 병에 걸리지 않습니까?"
> 포박자가 대답했다. "양생의 이치에 통달한 사람은 신령한 약을 먹을 때 숨을 조절하기를 게을리 하지 않고 아침저녁으로 도인(導引)을 하며 피가 막히지 않게 한다. 여기에 방중술을 더하고 음식의 양을 조절하며 바람이나 습기를 피하고 안 되는 일을 염려하지 않는다. 이렇게 하면 병에 걸리지 않을 수 있다."
> -『포박자』 권15, 「雜應」

양생술에는 벽곡(辟穀), 복약(服藥), 조식(調息), 도인(導引), 방중(房中) 등이 포함된다. '벽곡'이란 음식을 조절하는 것, 이상적으로는 곡기를 끊는 일을 말한다. 물론 아무것도 먹지 않는 것은 아니다. 벽곡법에도 여러 가지가 있지만 특정한 열매, 풀뿌리, 밀랍 등을 먹으며 몸을 구성하는 기의 속성을 바꾸는 것이 주요한 수행법이다. '복약'에는 병을 고치고 몸을 건강하게 하기 위한 약의 제조, 궁극적으로는 불로불사의 신선이 되는 데 필요한 단약(丹藥)을 제조하고 먹는 일이 포함된다. 약의 재료에는 동식물만이 아니라 다양한 광물이 포함된다. 신선이 되려는 수행자들의 다양한 실험은 전근대 동북아시아의 의학 발전에 일정한 역할을 한 것이 사실이지만, 그만큼 불로장생을 추구하던 이들이 유독물질(대표적으로 수은)을 과다 복용하고 오히려 제 명대로 살지 못하게 한 원인이 되기도 했다.

'조식'은 들숨과 날숨을 관찰하고 조절하는 기법이다. 특히 이것은 도교에서 외단(外丹)보다 내단(內丹) 수련이 강조되면서 더욱 중요시된 방법이다. 단약을 만들어서 신선이 되고자 했던 외단은 비용이 많이 들고, 위험했으며, 효과에도 한계가 있었다. 한편 수당 시대 이후에는 단약을 만들어 먹는 외단보다는 몸속에서 만들어 내는 내단의 비중이 커졌다. 마치 화로에 풀무질을 해서 단약을 만들어 내듯이 숨을 쉬어서 몸 안에 있는 기를 단련할 수 있다는 것이다. 몸의 수련에 대한 관심은 '도인', 즉 스트레칭과 마사지에 해당하는 기법으로도 이어졌다. '방중', 즉 성관계의 기법 또한 수명을 늘리고 건강을 증진시키기 위한 방법으로 주목받았다.

마지막은 도교의 윤리적 측면이다. 개인의 불로, 장생, 불사 등에 큰 가치를 부여하는 도교는 상당히 이기적인 종교처럼 느껴

질 수 있다. 그러나 도교는 선행을 대단히 강조하는 전통이기도 하다. 신선이 되기 위해서는 음식을 조절하고, 약을 먹고, 호흡 수련을 하는 것 외에도 선행을 쌓아야 할 필요가 있다. 본격적인 신선 수련을 하는 도사나 수행자가 아닌 일반 대중도 착한 일을 많이 하면 복을 받고 오래 살 수 있다. 그러나 악행을 하면 수명이 깎일 뿐만 아니라 사후에까지 벌을 받게 된다.

이런 직관적인 윤리관의 산물로 등장한 것이 '공과격'(功過格)이다. 이것은 개개인이 자신이 한 선행[功]과 과오[過]를 더하기와 빼기로 수치화해서 어느 쪽이 더 큰지를 계산해 볼 수 있는 지침이다. 각각의 항목은 표준화된 것이 없어서 시대나 지역에 따라 차이가 크다. 한 판본에 의하면 '양친(兩親)의 이름을 높이는 것'은 50공(功)이고, 반대로 '부모의 흉을 보는 것'은 50과(過)다. '중병이 든 사람을 고치는 것'은 30공이고, '술 먹고 난동 부리는 것'은 5과다. '나쁜 책 한 권을 불태우는 것'은 권당 10공이고, '남을 도박판에 끌어들이는 것'은 건당 10과다.

이는 분명 도교적 관념에서 등장한 것이지만, 교육적, 통치적 효과가 컸기 때문에 도교 맥락을 벗어난 상황에서도 널리 활용되었다. 매일 이런 목록을 살펴보며 자신에게 공이 많은지 과가 많은지 계산해 보는 것은 분명 도덕적 성찰에 일정한 도움이 되었을 것이다. 오늘날에도 온라인상에서는 엑셀 파일을 이용해

자동으로 자신의 공과를 계산해주는 '디지털 공과격'을 쉽게 구할 수 있다.

3. 국가도교, 교단도교, 민간도교

다음으로는 도교의 역사적 전개에 대해 간략하게 살펴보자. 한마디로 도교라고 해도 그 성격은 시대에 따라 변화해 왔으며, 넓은 의미에서 도교 범주에 속하는 현상도 그 형태는 다양하다. 크게 나누어 보면 세 가지 정도의 '도교'를 생각해 볼 수 있다. 첫째는 '국가도교'다. 이것은 국가가 도교의 교의와 의례를 공식종교의 하나로 받아들이는 경우다. 둘째는 '교단도교'다. 이것은 경전과 조직, 지도자 등을 갖춘 독립적인 사회조직으로서의 교단이 존재하는 형태다. 셋째는 '민간도교'다. 이것은 도교적 신앙이나 실천이 국가나 교단 조직과 관계없이 민중의 일상적인 민속신앙 속에 스며들어 있는 경우다.

그 가운데 교단 형태의 도교가 등장한 것은 대략 후한 말 이후다. 그러나 이것을 도교의 '기원'이라고 부르기는 어렵다. 도교를 이루고 있는 문화적 자원은 대단히 다양하기 때문이다. 일례로 도교의 핵심적인 특징인 신선술은 전국시대에 이미 그 흔적이 보인다. 특히 양생의 기법들이나 불사의 추구 등에 대한 언급은 교단도교 성립 이전의 문헌에서도 폭넓게 나타난다. 또한 방사(方士), 무(巫) 등에 의해 이루어진 여러 술법들도 이후 도교의 일부로 흡수되었다. 진시황, 한 무제 등에게 불로장생의 방술을 권했던 것도 방사(方士)들이었다.

한편 제도화된 도교의 직접적인 기원에 해당하는 것은 전국시대에서 진한 대에 걸쳐 유행한 황로학(黃老學)이다. 이름 그대로 황제(黃帝)와 노자(老子)를 시조로 하는 황로학파는 『도덕경』, 『역(易)』 등을 정치사상이나 학술에 연결시킨 운동이었다. 국가에서도 황제와 노자에게 제사를 지내기 시작했다. 그러나 진한제국 시대의 국가종교는 고대로부터 비롯한 여러 신격에 대한 제사, 그리고 이후에 추가된 신화들을 폭넓게 포함하는 다신교였으니 황제와 노자를 유교나 여타 종교전통과 구분되는 '도교'의 신이라고 인식했을 가능성은 적다.

한편 가장 이른 시기의 교단도교는 후한 시기 태평도(太平道)와 오두미도(五斗米道)에서 찾을 수 있다. 『삼국지연의』의 첫 부분에 등장하는 태평도의 창시자 장각(張角)은 부적을 태운 물과 주문을 이용해 사람들의 병을 고쳐주며 추종자를 모았다. 그는 이 술법을 간길(干吉, 혹은 于吉)에게 얻은 『태평청령서(太平淸領書)』에서 배웠다고 한다. 훗날 '황건적의 난'이라 불리는 무장봉기를 일으킨 것은 그가 교단을 세워 활동한 지 10여 년이 지난

후의 일이었다.

비슷한 시기에 장릉(張陵)은 오두미도를 세웠다. 다섯 말의 쌀을 기부하면 병을 고치고 신자가 될 수 있다고 하여 이렇게 불린 이 교단은 상당한 세력을 갖추고 여러 대를 이어가며 지속되었다. 특히 3대 교주인 장로(張魯)는 자신을 '사군(師君)'이라 칭하고 독립정권을 세우기도 하였다. 나중에 살펴보겠지만 이 교단에서는 『도덕경』에 자신들의 교의를 담은 해석을 붙인 『노자상이주(老子想爾注)』를 경전으로 삼았다. 그리고 자신의 죄를 고백하는 삼관수서(三官手書)의 의례가 특징적이었는데, 과오를 반성하는 것은 부적 태운 물을 이용한 태평도에서도 마찬가지로 중시되는 과정이었다. 오두미도는 이후 용호산(龍虎山)을 중심으로 하는 천사도(天師道), 정일교(正一敎)로 이어졌다. 장릉, 장로의 후예들은 천사(天師)라 불리며 역대 왕조의 존중을 받았다. 이 천사의 계보는 근대 이후까지 이어졌다.

이후 위진남북조 시대에는 나중에 도장에 포함되는 경전들이 대량으로 생산되고, 수많은 종파가 등장하는 등 도교전통이 크게 성장하였다. 특히 화북에서는 구겸지(寇謙之)가 창시한 신천사도(新天師道), 강남에서는 모산(茅山)을 중심으로 하는 상청파(上淸派)가 성행하였다. 이 시기 도교의 특징은 상류층과 국가에서 이들 교단도교를 적극적으로 지지, 후원하기 시작했다는 것이다. 5세기 중엽 북위(北魏)의 태무제(太武帝)는 신천사도를 받아들여 불교를 배척하고 스스로 태평진군(太平眞君)이라 칭했다. 이것은 도교를 국가종교로 삼은 고전적인 사례다.

이런 경향은 당나라에서 더욱 강해졌다. 국제적인 성격이 풍부했던 당에서는 실크로드를 통해 유입된 서방의 종교전통들을 포함해 다양한 종교가 성행했지만, 당의 황제들 대부분은 도교에 특별한 애정을 갖고 있었다. 그것은 도교에서 중시하는 노자가 황실의 성인 이씨이며, 그가 자신들의 선조라는 믿음이 있었기 때문이었다. 도사들은 많은 특권을 누렸고, 왕실의 여성들이 도사가 되는 일도 많았다. 8세기에 당 현종은 국가에서 간행한 최초의 대규모 도장인 『삼동경망(三洞瓊網)』을 편찬하기도 했다.

국가도교의 융성은 송대에도 이어졌다. 북송의 황제들 가운데에는 도교 애호가들이 많았다. 그 가운데에도 진종(眞宗)과 휘종(徽宗)은 특히 열성적인 도교 신자였다. 진종은 자신이 꿈에서 옥황상제의 계시를 받았다고 하며 조씨 황실이 신의 후예라고 주장하였다. 전국에 신들의 궁(宮)이 세워지고, 옥황상제, 조씨의 조상신, 그리고 황제 자신의 상을 두게 했다. 휘종은 도사 임영소(林靈素)의 건의에 따라 자신을 '교주도군황제'(教主道君皇帝)라고 부르며 도교를 국가적 종교로 삼았다. 1118년에 노자의 탄생일인 2월 15일을 정원절(貞元節)로 삼고, 노자전을 『사기』 열전

첫머리로 배치하였으며, 『도덕경』을 전국에 배포하였다. 그뿐만 아니라 휘종은 불교를 도교에 통합하려는 시도까지 하였다. 이제 부처는 대각금선(大覺金仙), 즉 "크게 깨달은 금색 신선"이라 불리고, 절은 '궁'이 되었으며, 불상에까지 도교의 신처럼 관을 씌우고 도복을 입히게 되었다.

금-원 시기에는 태일교(太一敎), 진대도교(眞大道敎), 전진교(全眞敎), 정명도(淨明道) 등 유, 불, 도를 통합한 형태의 개혁적인 도교 교단들이 발생하여 국가의 비호를 받으며 성장하였다. 전진교의 구처기(丘處機)는 중앙아시아 원정 중인 칭기즈 칸을 찾아가 살인을 줄이고 마음을 청정하게 하고 백성을 사랑하는 것이 장생을 얻을 수 있는 양생의 도라고 설파하기도 하였다. 한편 남쪽의 강남 지역에서도 오두미도로부터 이어지는 장씨 천사의 계보를 따르는 정일교를 중심으로 여러 종파가 발달하였다. 남송을 멸망시킨 쿠빌라이 칸과 이후의 원 황제들은 정일교를 우대하며 강남 지역의 민심을 장악하려 하였다.

명 시기에는 중앙집권적 종교정책이 시행되면서 교단도교에 대한 통제가 강화되었다. 명 태조 주원장(朱元璋)은 도교를 좋아하였고 가까이 지내는 도사들도 많이 있었으나, 제도적으로는 도교를 엄격하게 관리하였다. 출가 자격은 국가에 의해 제한되었고 불교 승려와 마찬가지로 도사에게도 도첩이 발급되었다.

국가고시를 통해 경전에 대한 지식을 증명하지 못하면 도사 노릇을 못하게 한 것이다. 정일교는 여전히 황실의 존중을 받았지만 그 지위는 원대보다 낮았다. 원 황실과 밀접하게 연관되어 있었던 전진교도 약화되었다. 대신 정명도(淨明道), 무당도(武當道) 등 전진교와 유사한 스타일을 따르는 비교적 새로운 교파들이 크게 성장하였다.

청 시기에는 도교를 한족의 종교로 보아 국가의 후원은 극도로 줄었다. 특히 18세기 건륭제(乾隆帝) 때에 이르러 전통적으로 이루어지던 정일교 천사의 천자 알현이 중지되었다. 교단이 가지고 있었던 막대한 토지와 재산도 점차 사라져 갔다. 여타의 교단도 쇠퇴하기는 마찬가지였다. 그러나 유교에 우호적이었던 청 황제들은 유교적 요소를 적극적으로 받아들인 전진교 계열 교단들에 대해서는 상대적으로 반감이 적었다. 북경에 있는 전진교의 총본산 백운관(白雲觀)은 20세기의 문화대혁명을 거친 오늘날까지도 남아 있다.

한편 교단도교가 전반적으로 약화되고 도교가 국가의 공식종교 지위에서 멀어진 청대에도 민간신앙에서는 도교적 요소들이 활발하게 등장하였다. 국가도교와 교단도교에서 중시되었던 현천상제, 태상노군 등보다는 여조, 마조, 관제, 조왕신, 성황신, 토지공 등 다양한 신들이 주목받았다. 이들 신에 대한 신앙은 중국

대륙을 넘어 한족 이주민들이 정착한 대만, 동남아시아 등지로 널리 퍼져나가 오늘에 이른다.

근대 이후에는 1920년대 신문화운동의 분위기 속에서 옛 종교들에 대한 비판이 커졌다. 1928년 국민당은 미신 제거를 위한 신사(神祠) 존폐 기준을 발표하였다. '국민당의 문화대혁명'이라고 할 수 있는 이 조치는 그렇게까지 철저한 것은 아니었다. 관제, 토지신, 조왕신, 태상노군, 원시천존, 삼관, 천사, 여조 등 도교의 신들에 대한 숭배를 전통의 일부로 인정한 것이다. 그러나 당시의 많은 지식인들에게 부적과 주술을 위주로 하는 도교는 폐지 대상으로 여겨졌다.

이런 분위기 속에서 63대 천사 장은부(張恩簿)가 대만으로 이주하면서 대만은 도교의 새로운 중심지가 되었다. 그러나 이후 천사 계승의 정통성 논쟁이 발생하면서 교단도교 조직에 혼란이 일어났다. 그럼에도 불구하고 대만은 오늘날 중화권 도교 신앙의 핵심적인 지역이 되었다. 또한 세계 각지의 차이나타운에서도 도교 사원들을 중심으로 한 종교 활동이 공동체의 정체성과 단합을 유지하는 중요한 기능을 하고 있다.

한편 대륙의 중화인민공화국에서의 도교는 문화대혁명 이후 크게 위축되었다. 그러나 1982년 헌법 개정으로 종교 자유가 확대되면서 상황이 변화하였다. 물론 이것은 종교를 권장하기 위해서라기보다는 현실적으로 소멸이 불가능한 종교를 효율적으로 관리하기 위한 조치였다. 따라서 종교는 사회 질서나 교육 제도에 영향을 미쳐서는 안 되며 '외국 세력의 지배'를 받아서는 안 되었다.

〈제36조〉

① 중화인민공화국 공민은 종교 신앙의 자유를 가진다.

② 어떠한 국가 기관, 사회단체, 개인이든지 공민에게 종교를 믿거나 믿지 못하도록 강요할 수 없으며, 종교를 믿는 공민과 종교를 믿지 않는 공민을 차별할 수 없다.

③ 국가는 정상적인 종교 활동을 보호한다. 누구든지 종교를 이용하여 사회 질서를 파괴하거나, 공민의 신체 건강에 해를 끼치거나, 국가 교육제도를 방해하는 활동을 할 수 없다

④ 종교단체와 종교 사무는 외국 세력의 지배를 받지 아니한다.

- 중화인민공화국 헌법(1982)

이런 상황 속에서 도교는 불교, 이슬람교, 천주교, 개신교와 함께 중국의 공식종교 가운데 하나가 되었다. 오늘날에는 공식적으로만 8,200개의 도교 사원, 60,000명 이상의 재가, 출가 도사가 존재한다고 한다. 이 '도교'가 어떤 지향을 갖고 있는지는 다음의

자료가 잘 말해주고 있다.

인민정부의 영도 아래 전국의 도교도들을 단결시켜 애국애교하
며 국가의 『헌법』 법률 법규와 정책을 준수한다. 도교의 우수한
전통을 계승하고 드높이며 교단의 업무를 잘 처리한다. 도교계
의 합법적인 권익을 지키고, 인민정부에서 철저히 실행하는 종
교 신앙 자유정책에 협조한다. 도교를 사회주의체제에 적합하도
록 촉진시키며, 사회주의의 현대화 건설에 적극 참가한다. 사회
안정과 조국통일과 세계평화를 위해 역량을 다한다.
    -중국도교협회 장정(1998)

이 '애국애교'에서 방점이 찍혀 있는 것은 분명 '애국'이다. 도
교는 사회주의 체제에 적합하게 바뀌어야 하고 국가 시책에 적
극적으로 협력해야 한다는 선언이기 때문이다. 또 도교는 중국
내 공인종교 가운데에서 유일하게 외부로부터의 전파가 아니라
중국 내부에서 출현한 전통이다. 이것은 20세기 후반 이후 내셔
널리즘의 강화 속에서 도교의 존재 이유를 정당화하기에 좋은
조건이 되었다. 어떤 의미에서 이것은 전근대 제국들의 후원 아
래에서 성장했던 국가도교의 부활일지도 모르겠다.

4. 도교와 『도덕경』

지금부터는 이런 도교사의 맥락 속에서 『도덕경』과 노자가 도교에서 어떤 의미가 있는지를 살펴보도록 하자. 앞에서 언급한 바와 같이, 도교를 구성하는 사상·문화적 자원은 대단히 다양하며, 『도덕경』을 비롯한 도가사상은 그 가운데 일부다. 그러나 『도덕경』에는 신선도 등장하지 않고, 방술에 대한 이야기도 없다. '장생'(長生)이라는 단어가 종종 등장하기는 하지만 그것이 도교에서 중시하는 육체의 불멸과 어떤 관련이 있는지는 불명확하다. 『도덕경』 전체를 관통하는 관조적인 태도는 선행을 쌓아 복을 받고자 하는 도교의 윤리관과도 아무 관계가 없어 보인다.

그러나 도교의 교의를 구성하는 데 있어 『도덕경』의 사유체계와 언어가 미친 영향은 지대하다. 도교는 『도덕경』에서 말하는 우주적 본체인 도(道)를 신격화하는 종교다. 그 신앙체계의 중심에는 원시천존(元始天尊), 태상도군(太上道君) 등 도에서 유래한 신들이 있다. 무엇보다 『도덕경』은 도교의 형성에 직접적인 영향을 미친 황로학의 주요 경전이었다. 1970년대에 마왕퇴에서 발굴된 백서본 『도덕경』의 앞부분에는 황로학의 주요 텍스트인 『황제사경(黃帝四經)』이 함께 기록되어 있었다. 한나라 시기에 이미 이 두 부류의 경전이 같은 부류에 속한다고 보았다는 증거다.

또 불교 전래 초기에는 불경의 내용이 『도덕경』과 유사하다는 인식이 있었다. 후한 사람들은 승려를 주술사나 신선수행자, 부처를 '황제나 노자처럼' 자유롭게 날아다닐 수 있는 금색의 신선으로 상상하였다.

이런 분위기 속에서 등장한 교단도교들이 『도덕경』을 자신들의 핵심 경전으로 삼은 것은 자연스러운 일이었다. 초기 교단인 오두미도에서부터 신도들에게 『도덕경』을 가르쳤다는 기록이 있다. 이후 도교에서 『도덕경』은 『도덕진경(道德眞經)』으로, 『장자』는 『남화진경(南華眞經)』으로 불리게 되었다. 그러나 『도덕경』에는 신선술이나 연단술, 방술에 대한 내용은 없으니 그대로는 종교경전이 되기에 부족하다. 그래서 도교에서는 『노자상이주』와 같이 주석이 달린 『도덕경』을 필요로 했다. 도교적인 해석이 덧붙여지면서, '장생구시'(長生久視), '곡신불사'(谷神不死) 등과 같은 난해한 구절은 장생불사의 신선사상으로 재해석되었다. '지일'(知一), '수일'(守一) 등의 용어도 신선이 되기 위한 수행 방법으로 이해되었다. 이 과정에서 특정한 구절을 교리에 맞게 확대해석하거나, 심지어는 원문의 글자를 고치는 일도 흔하게 일어났다.

이런 주석 달기는 『주역』, 『장자』, 『열자』, 『회남자』 등 도교 경전의 일부로 여겨진 대부분의 고전 문헌들에 대해 이루어졌지만, 『도덕경』이 특별히 중시되었던 것은 분명하다. 수나라 때의 기록에 의하면 당시 도사들의 면허증인 법록(法籙)은 경전에 대한 지식에 따라 오천문록(五千文籙), 삼동록(三洞籙), 동현록(洞玄籙), 상청록(上淸籙)으로 구분되었다. 이 가운데 첫 단계인 '오천문록'이 바로 『도덕경』에 통달한 사람에게 주어진 것이다. 『도덕경』을 모든 경전 가운데 가장 기본적, 근원적인 것으로 보았음을 알 수 있다.

국가도교에서도 『도덕경』의 지위는 절대적이었다. 674년에는 측천무후의 건의로 과거 시험 과목 중의 하나로 『도덕경』이 채택되었다. 733년에 당 현종은 모든 경전 가운데 『도덕경』을 가장 우위에 놓으며 스스로 주석을 달고 집집마다 한 권씩 소장하게 하였다. 전진교의 창시자 왕철(王嚞)은 유교, 불교, 도교를 융합한 가르침을 펴면서 제자들에게 『효경(孝經)』, 『반야심경(般若心經)』, 『도덕경』을 읽게 하였다. 유교의 진수가 『효경』에 담겨 있고, 불교의 가르침이 『반야심경』에 응축되어 있다면, 도교 공부는 『도덕경』으로부터 출발해야 한다는 것이다.

5. 도교와 노자

도교가 『도덕경』을 중시한 것은 노자 신격화와 밀접하게 연관되어 있었다. 역사적 노자의 실존 여부는 불분명하다. 그리고 노자 열전을 담고 있는 『사기』에는 공자와의 문답, 윤희를 만나 『도덕경』을 남긴 사건, 도가의 성격 등에 대한 기록이 있으나 신격화의 흔적은 거의 드러나지 않는다.

노자(老子)는 초(楚)나라의 고현(苦縣) 여향(厲鄕) 곡인리(曲仁里) 사람이다. 성은 이씨(李氏)이며 이름은 이(耳), 자는 담(聃)이라고 하는데, 그는 주(周)나라의 장서실(藏書室)을 관리하는 사관(史官) 이었다. … 노자는 도덕(道德)을 수련하였으며, 그의 학설은 자신을 감추어 이름이 드러나지 않게 하는 것에 힘쓰는 것이었다. 노자는 주나라에서 오래 거주하다 주나라가 쇠미해지는 것을 보고는 마침내 그곳을 떠났다. 관소(關所)에 이르자 관령(關令) 윤희(尹喜)가 "선생께서 앞으로 은거하시려 하니 수고롭지만 저를 위해 저서를 남겨주십시오"라고 하자, 노자는 상·하 편의 저서를 지어 도덕(道德)의 의미를 5,000여 자로 서술하고 떠나 버리니, 그 후로 아무도 그의 최후를 알지 못하였다. … 세상에서 노자의 학설을 배우는 사람들은 유가의 학설을 배척하고, 유가학파의 사람들은 노자의 학설을 배척한다. "도가 같지 않으면 서로 상의하지 않는다"라고 하였는데, 이런 것을 두고 하는 말인가? 이이(李耳)는 무위(無爲)로써 저절로 교화되게 하고 청정(淸靜)으로 스스로 올바르게 되도록 하였다.

노자가 신격화된 것은 후한 시기 황로학의 발달에 따른 것으로 보인다. 이 시기에는 노자를 '도'(道)와 동등하게 보면서 "무형보다 앞서 생겨났으며, 태초보다 이전에 나왔다"고 해석하기도 하였다(「노자성모비(老子聖母碑)」). 이제 노자는 '도를 가르친 사람'에서 '도 자체의 현신'으로 믿어지기 시작한 것이다. 165년 환제(桓帝)가 노자를 제사 지내며 세운 비석에는 노자가 대대로 환생하여 복희(伏羲) 이래의 신성한 군주들, 즉 성천자(聖天子)들의 스승이 되었다는 설이 등장한다. 이것이 이후 국가도교에서 황실과 노자의 관계를 주장하면서 끊임없이 강조된 모델이다.

교단도교 가운데에는 오두미도(五斗米道)에서 처음으로 노자를 교주로 받들며 '태상노군'(太上老君)이라 신격화하였다. 오두미도의 경전으로 사용된 『노자상이주』에는 태상노군을 다음과 같이 설명하고 있다.

일(一)은 도(道)이다. … 일은 천지의 밖에 있으며, 들어오면 천지 사이에 머무니, 단지 사람의 몸속으로 들어올 뿐이다. … 일(一)이 형(形)을 흩트리면 기(氣)가 되고, 형을 모으면 태상노군이 된다. 늘 곤륜(崑崙)을 다스리며 어떤 때는 허무(虛無)를 말하고 어떤 때는 자연(自然)을 말하며, 어떤 때는 무명(無名)을 말하지만 모두 같은 일(一)일 뿐이다.

-『노자상이주(老子想爾注)』

『도덕경』의 핵심 개념 가운데 하나인 "일"(一)이 응집하여 인간의 형태가 된 것이 바로 태상노군, 즉 노자라는 것이다. 여기에서 노자는 '자연', '무명'을 가르친 스승일 뿐만 아니라 '곤륜'을 다스리는 신이 되어 있다.

노자화호설(老子化胡說)은 노자의 신격화 과정에서 등장한 기이한 이야기다. 이것은 『도덕경』을 남기고 서쪽으로 사라진 노자가 사실은 인도로 가서 부처가 되어 불교를 만들었다는 주장이다. 여기에 대해서는 도교 측에서 불교에 대한 우위를 주장하기 위해 만들었다는 설과 불교 측에서 효과적인 포교를 위해 만들었다는 설이 대립하고 있다. 이 이야기는 『노자화호경(老子化胡經)』이라는 경전으로 정리되기도 하였다. 『노자화호경』은 다양한 버전이 있는데, 돈황에서 발굴된 한 판본에는 노자가 부처가 아닌 마니가 되어 마니교를 만들었다는 내용도 있다.

노자가 신격화되면서 신비한 출생담도 나타났다. 이것은 신이나 영웅이 인간의 형태로 태어날 때에는 남성의 개입 없이 신비한 감응을 통해 잉태된다는 동정녀 출생 유형의 신화에 속한다.

"아버지가 없는데 왜 이(李) 씨인가?"라는 의문에 대해서는 다음과 같은 기발한 설명이 있다.

> 그의 어머니는 커다란 유성에 감응되어 임신을 하였는데 하늘의 기운을 받았지만 이씨 집안에 태어나서 이씨를 성으로 삼았다. … 어머니가 72살에 임신하여 낳았는데 태어날 때 어머니의 왼쪽 겨드랑이를 가르고 나왔고 태어나면서부터 머리가 희어서 '노자'(늙은이)라고 불렀다고도 한다. … 노자의 어머니가 마침 오얏나무 아래에서 노자를 낳았는데 태어나서부터 말을 할 수 있어서 오얏나무를 가리키며 "이것을 내 성으로 삼겠다"고 말했다고 한다.
>
> - 『태평광기(太平廣記)』권1, 「신선(神仙)」

또 신선이 되기 위한 수련을 하다 보면 노군(노자)의 모습을 볼 수 있다는 전승도 있다. 이에 의하면, 수련 과정에서 신비체험을 하면서 여러 신들의 형상이 보이고, 말을 걸어오기도 하지만 이들에게는 대답을 하지 말고 노자에게 집중해야 한다. 그러면 마침내 노군이 보이게 되고 수련이 완성되는데, 문제는 노자가 어떻게 생겼는지 어떻게 아느냐는 것이다. 그래서 도교 경전들에서는 노자의 모습에 대한 다양한 묘사가 등장한다. 분명 이런 내용은 태상노군의 신상을 만드는 데에도 중요한 자료가 되었을 것이다.

> 노군(老君)의 진형(眞形)이 나타나면 일어나 두 번 절하라. 노군의 진형이란 생각건대 성은 이(李)씨, 이름은 담(耼), 자는 백양(伯陽)으로 키가 9척이고, 몸은 누런색이며, 입술은 새의 부리와 같고, 코는 높고, 눈썹의 길이는 5촌이며, 귀의 길이는 7촌이다. 이마에는 주름살이 세 개 있어서 위아래가 통해 있으며, 발에는 팔괘(八卦)가 있다. 신령한 거북을 의자 삼고, 금과 옥으로 된 집에는 백은(白銀)으로 된 계단이 있다. 오색구름으로 옷을 입고 여러 겹으로 된 관을 쓰고 있으며, 예리한 칼을 차고 있다. 120명의 황색 동자가 따르고 왼쪽에는 열두 마리의 청룡, 오른쪽에는 스물여섯 마리의 백호, 앞에는 스물네 마리의 주작, 뒤에는 일흔두 마리의 현무가 있다. 앞에는 열두 궁기(窮奇)가 이끌고, 뒤에는 서른여섯 벽사(辟邪)가 따르며 번개가 위에서 번쩍번쩍한다. … 노군을 보면 생명이 연장되고 마음이 해와 달처럼 되어 모르는 일이 없게 된다.
>
> -『포박자』, 권15 「잡응(雜應)」

노자의 계시는 새로 만들어지는 교단의 정통성을 주장하는 데에도 유용했다. 신천사도의 창시자 구겸지는 415년에 숭산 꼭대기에서 태상노군(노자)을 만나 천사의 지위를 받고 기존의 천사도를 개혁하라는 계시를 받았다고 한다. 나아가 구겸지는 423년에 노자의 후예인 이보문(李譜文)의 양자가 되어 포교를 시작한다. 정통 천사도에서 천사의 자리는 장릉의 후예인 장씨에게만 계승되는 것이니 그 권위에 도전하기 위해서는 노자의 개입이 필요했던 것이다. 같은 시기의 상청파는 원시천존(元始天尊)을 최고신으로 삼고 노자에 대해서는 상대적으로 무관심했다. 노자는 여전히 최고신인 삼청(三淸) 가운데 하나인 태상노군, 혹은 도덕천존(道德天尊)으로 불리었지만 더 이상 도교의 유일한 최고신은 아니게 된 것이다.

당 황실이 노자를 자신들의 조상으로 섬긴 것은 교단도교에서 이와 같은 노자의 신격화가 충분히 진행된 이후였다. 당 고조 이연은 여러 차례에 걸쳐 노자에게 장차 황제가 될 것이라는 예언을 받았다고 한다. 심지어 노자는 아직 황제가 되지도 않은 이연을 '당 천자'(唐天子)라고 부르며, 자신이 그의 조상이며 이연의 자손들이 대대로 나라를 이어갈 것이라 말한다. 좀 더 신비화된 판본들에 의하면 노자는 유교의 성인인 주공을 보내 당(唐)을 지원하게 하기도 했다.

무덕(武德) 3년(620) 5월에 진주 사람 길선행(吉善行)이 양각산(羊角山)에서 한 노인을 만났다. 붉은 갈기를 한 백마를 탔으며 의용이 매우 위엄 있었다. 노인이 길선행에게 말했다. "너는 가서 당의 천자에게 고하라. 나는 그의 조상이니, 올해에 도적들을 평정하고 나면 자손들이 천 년 동안 다스리게 될 것이다."
- 『당회요(唐會要)』 권15.

태상노군이 말했다. "나는 무상(無上)의 신선이다. 성이 이씨고 호는 노군(老君)이라고 하는 것은 나를 말한다. 나는 황제의 조상이다. 『사기』에 내 전기가 있다. 박주(亳州) 곡양현(谷陽縣)에 있는 내 사당에 말라죽은 전나무가 있는데 그게 되살아나는 것을 증거로 삼아라. 내가 이미 주공(周公) 단(旦)에게 신병(神兵)을 이끌고 가서 국가를 도와 유흑달(劉黑闥)을 치라고 명했으니 4월 즈음이면 쳐부술 수 있을 것이다."
- 두광정(杜光庭), 『역대숭도기(歷代崇道記)』

당 황실은 자신들의 조상이자 수호신인 노자에게 최고의 명예로 보답하려고 했다. 683년, 당 고조는 노자에게 '태상현원황제'(太上玄元皇帝)라는 존호를 바쳤다. 이후 8세기 중엽 당 현종은 노자의 부모에게도 존호를 올리고 노자의 탄생일을 국경일로 삼았다. 노자의 존호는 시기에 따라 '성조대도현원황제'(聖祖大道玄元皇帝), '대성조고고상대도금궐현원천황대제'(大聖祖高上大道金闕玄元天皇大帝) 등으로 점차 높아져 갔다. 더 이상 노자가 황실의 '조상'이 아니게 된 송대에도 노자는 휘종의 꿈에 나타나 계시를 내리기도 했다.

노자의 위상이 높아지면서 송대 이후에 발생한 여러 교단들에서는 노자의 다양한 전기가 작성되었다. 이 과정에서 다시 주목받은 것이 노자가 먼 과거로부터 환생을 반복하였다는 노자전생설과 서쪽으로 가서 불교를 세웠다는 노자화호설이다. 원대 전진교에서는 「노자팔십일화도」(老子八十一化圖)를 만들어 노자전생설과 노자화호설을 적극적으로 주장하였지만, 이것은 경쟁 관계에 있었던 불교 측을 크게 자극하였다. 몽케 칸 시대인 1258년에는 이 책이 전진교 도사에 의해 조작된 것이라는 문제제기가 일어나 승려와 도사 각 17명이 모여 논쟁을 벌이는 일도 있었다. 이 '종교 끝장토론'은 여러 종교 세력 사이의 대립을 중재하며 이들을 통제하려 했던 유목 제국의 특징이기도 했다. 논쟁에서는 도교 측이 패배하여 도사들은 머리를 깎고 승려가 되었으며, 『노자화호경』은 소각되었다.

한편 민간도교에서 노자는 그다지 인기가 없었다. 세 지고신 가운데 하나인 태상노군은 일상적 삶에서는 너무나 멀리 있었고, 다신교 체제에서는 좀 더 구체적인 복을 빌기에 적합한 기능신들이 너무나 많이 있었기 때문이다. 특히 명청 시대 이후에는 상공업이 발달하면서 여러 직업별 조합들이 저마다의 수호신을 모시게 되었다. 이를테면 종이를 발명했다는 채륜(蔡倫)은 제지업자들의 신, 학문의 신인 문창제군(文昌帝君)은 책방이나 인쇄소 조합의 신이 되는 식이다. 조금 기괴한 예로는 누명을 쓰고 형벌을 받아 걸을 수 없었던 손빈(孫臏)이 하필이면 신발가게의 신이 된 경우도 있다. 흥미롭게도 신격화된 노자인 태상노군도 지고신이 아니라 이런 기능신 가운데 하나로 섬겨지기도 했다(민속종교에서는 이런 일도 가능하다!). 지역에 따라 대장간, 광부, 도자기공 등이 동업자 조합이 태상노군을 수호신으로 모신 사례가 있다. 이들 사이의 공통점을 찾기는 어렵지만, 광물이나 흙을 변화시켜 귀중한 물건을 만들어 내는 과정이 태상노군이 주관하는 도교의 연단술과 뭔가 관련이 있다고 여겨진 것은 아닐까.

　　노자와 『도덕경』은 도교 전통이 형성, 발전되는 과정에서 핵심적인 요소였다. 그러나 그것은 결코 고정된 형태가 아니었다. 종교사적 상황에 따라 노자는 스승이 되기도 하고, 예언자가 되기도 하고, 왕가의 조상이 되기도 하고, 우주적인 최고신이 되기도 하고, 대장장이 조합의 수호신이 되기도 했다.

6. 도교와 한국

지금까지 살펴본 이야기는 대부분 오늘날의 중국 지역과 관련되어 있다. 이 마지막 장에서는 한반도에서 도교, 특히 노자와 『도덕경』에 대한 신앙이 어떤 방식으로 진행되었는지를 다루겠다. 고대 삼국 가운데 도교 수용 기록이 가장 분명하게 나타난 국가는 고구려다. 624년, 당 고조는 영류왕(榮留王)을 책봉하면서 천존상(天尊像)과 도사들을 보내 『도덕경』 강의를 했다. 앞서 다루었듯이 당 고조는 노자가 자신의 조상이라 선전하며 도교를 황실의 종교로 삼았다. 따라서 책봉이라는 정치적, 상징적 의례를 행하면서 도교를 함께 전파한 것으로부터 새로운 왕조의 문화적 영향력을 과시하려는 의도가 엿보인다.

이 '공개 행사'가 효과를 보았는지, 이듬해인 625년에는 영류왕이 당에 사람을 보내 당의 불교와 도교를 알려달라고 요청했다. 보장왕(寶藏王) 때에는 고구려 측의 요구로 본격적으로 도교가 도입된다. 이번에는 단순한 교리 강의 정도가 아니라, 도사들이 파견되어 포교 활동이 시작된 것이었다. 이것은 당시의 권력자인 연개소문의 상소로 이루어진 조치였다.

3월에 연개소문이 왕에게 다음과 같이 아뢰었다. "삼교(三敎)는 비유하면 솥의 발과 같아서 하나라도 없어서는 안 됩니다. 지금 유교와 불교는 모두 흥성한데 도교는 아직 흥성하지 않으니, 이른바 천하의 도술(道術)을 갖추었다고 할 수 없습니다. 삼가 청컨대 당에 사신을 보내 도교를 요청하여 국인을 가르치도록 하소서." 대왕이 대단히 옳다고 여기고, 표를 올려서 사정을 전하며 요청하였다. 태종이 도사(道士) 숙달(叔達) 등 여덟 명을 보내고, 아울러 『노자도덕경』을 하사하였다. 왕이 기뻐하며, 불교사원을 가져다 그들을 머물게 하였다.

-『삼국사기』 권21, 보장왕 2년(643) 3월

　여기에서는 '삼교' 즉 유교, 불교, 도교가 모두 갖추어져서 각각의 역할을 할 필요가 있다는 당시의 독특한 인식이 나타난다. 그러나 이후 고구려와 당 사이의 군사적 긴장이 높아지고 마침내 고구려가 멸망했으니 국가 주도의 도교 도입이 더 이상 이루어지기는 힘들었다.

　한편 당과 밀접한 관계에 있었던 통일신라에서는 이런 공식적인 도교 도입 사실이 잘 드러나지 않는다. 738년에 당에서 사신을 보내 신라에 『도덕경』을 보내주었다는 기록이 있다. 당시는 당 현종이 자신이 주석을 단 『도덕경』을 각 가정마다 갖추어 둘 수 있도록 적극적으로 보급하던 시기였으니, 신라에 책을 보낸

것도 그런 맥락에서 이해할 수 있을 것이다. 그러나 고구려의 사례와는 달리, 도사를 함께 보낸다거나 『도덕경』을 강의한다거나 하는 일은 일어나지 않았다. 신라에서는 도교가 독립적인 교파로서보다는 독자적인 풍류도(風流道)의 일부로 흡수되었을 가능성이 높다. 풍류도에 대해서는 최치원의 다음과 같은 언급이 유명하다.

> 나라에 현묘(玄妙)한 도(道)가 있는데, 풍류(風流)라고 이른다. 교화를 행하는 근원에 대해서는 선사(仙史)에 자세하게 갖추어 있는데, 실로 삼교(三敎)를 포함하여 중생(衆生)들을 접하여 교화하는 것이다. 이를테면 들어와서는 집안에서 효도하고, 나가면 나라에 충성하라고 하는 것은 노(魯)나라 사구(司寇)의 가르침이다. 무위(無爲)의 일에 처하고 불언(不言)의 가르침을 행하는 것은 주(周)나라 주사(柱史)의 본뜻이다. 갖가지 악(惡)을 행하지 말고 갖가지 선(善)을 받들어 행하라고 한 것은 축건태자(竺乾太子)의 교화이다.
>
> - 최치원, 「난랑비서문(鸞郎碑序文)」

이에 의하면 신라에는 도교, 불교, 유교 등을 모두 포괄하는 '현묘한 도'에 대한 인식이 있었다는 것을 알 수 있다. 문제는 이

외의 기록에서는 당시의 '풍류'에 대한 자료를 찾기 어렵다는 것이다. 이것이 어떤 문화적 경향이나 사조를 말하는 것인지, 아니면 독자적인 교단을 갖추고 있는 제도적 실체였는지, 혹은 최치원이 창안해 낸 말인지조차 불분명하다. 그러나 '노나라 사구'(공자), '축건태자'(석가모니)와 함께 '주나라 주사'(노자)의 가르침이 그 '(풍류)도'의 중요한 부분을 이루고 있었음은 확실하다.

고려에서는 국가 차원에서 도교를 도입하고 복원관(福源觀)을 세워 삼청(三淸)과 노자를 모셨다. 국가의례에서는 조선시대와는 달리 유교, 불교, 도교식의 제사가 함께 이루어졌다. 특히 나라에 재앙이 있으면 불교식 의례(도량)만이 아니라, '노군부법'(老君符法)이라 불린 도교식 술수도 함께 사용되었다. 고려의 도교에 대해서는 12세기 초에 고려를 방문한 뒤 『고려도경(高麗圖經)』을 남긴 송 사신 서긍(徐兢)의 기록이 상당히 자세하다.

복원관(福源觀)은 왕부(王府) 북쪽 태화문(太和門) 안에 있는데 정화(政和) 연간에 세워진 것이다. 앞 방은 '부석지문'(敷錫之門)이라 하였고 다음 방은 '복원지관'(福源之觀)이라 하였다. 들은 바에 따르면, 전내(殿內)에 삼청상(三淸像)을 그렸는데 혼원황제(混元皇帝)의 수염과 머리털이 다 감색(紺色)이어서 우연히 성조(聖朝)께서 진성(眞聖)의 모습을 그린 뜻과 합치한다니 또한 가상하다. 예전

에는 나라 사람들이 허정(虛靜)의 가르침을 듣지 못했었는데, 이
제는 사람마다 다 귀의하여 신앙할 줄 안다고 한다.

-『선화봉사고려도경(宣和奉使高麗圖經)』권17

또 서긍은 고구려 시기에 당 고조가 도교를 전한 것이 고려 도
교의 기원이라고 쓰고 있다. 그러나 실제 본격적으로 도교를 도
입한 것은 고려 예종(睿宗, 1105-1122) 때로 보인다. 열성적인 도교
황제였던 송 휘종에게 도사를 보내달라고 요청하고 수도에 복
원관을 세운 것은 이 시기에 일어난 일이었기 때문이다. 당시 고
려 사람들은 왕이 고려의 지배적 종교였던 불교를 도교로 바꾸
려고 하는 게 아닌지 의심했다고도 한다. 그런데 이것은 어디까
지나 국가도교의 도입이었지 독립적인 교단도교가 유입된 것은
아니었다. 서긍은 "낮에는 재궁(齋宮)에 있다가 밤에는 집으로 돌
아가는", 말하자면 국가 공무원과 같은 도사들의 모습을 신기해
하며 관찰하고 있다. 그들은 도사의 상징인 우의(羽衣)도 입지 않
고, "보통 사람의 옷보다 소매가 좀 더 넉넉한" 정도의 의복을 입
고 있었다고 한다.

조선에서는 고려시대 이래로 이루어지던 국가도교 의례를 물
려받았지만, 국가제사를 순수한 유교 의례로만 채우려고 하는
개혁이 진행되면서 그 비중은 조금씩 줄어들었다. 도교의례를

주관하는 국가기관인 소격서(昭格署)는 여러 차례 폐지 논쟁에도 불구하고 조선 중기까지 유지되었다. 성현(成俔)은 『용재총화(慵齋叢話)』에 이 시기 소격전에서 이루어지던 의례에 대해, 다소 냉소적인 시선으로 다음과 같은 상세한 관찰 기록을 남겨두었다.

갑인(1494)년 봄에 원자(元子)가 탄생하실 때 내(성현)가 헌관이 되어 행사를 맡았다. 소격서(昭格署)는 중국 도가(道家)의 행사를 모방하여 태일전(太一殿)에서 칠성(七星)과 여러 별자리를 제사지내는데, 그 상(像)은 모두 머리를 풀어헤친 여자 모양이었다. 삼청전(三清殿)에서는 옥황상제(玉皇上帝)·태상노군(太上老君)·보화천존(普化天尊)·재동제군(梓潼帝君) 등 10여 위를 제사지내었는데 모두 남자의 형상이었다. 그 외에 안팎의 여러 단(壇)에는 사해용왕(四海龍王)과 신장(神將)과 명부시왕(冥府十王)과 수부(水府)의 여러 신을 모셔 위패에 이름을 쓴 것이 무려 수백이었다. 헌관과 서원(署員)은 모두 흰옷에 검은 두건으로 재를 올렸고, 또 관(冠)을 쓰고 홀(笏)을 들고 예복을 입고 제사를 지냈는데 과실, 인절미, 차(茶), 과자, 술을 제물로 올리고 향을 태우며 백 번 절을 했다. 도사류(道士流)는 머리에 소요관(逍遙冠)을 쓰고 몸에는 얼룩얼룩한 검은 옷을 입으며, 경쇠[磬]를 24통(通) 울리고 난 뒤에, 두 사람이 도경(道經)을 읽고 또 축사(祝辭)를 푸른 종이에 써서

태우는데, 그 하는 일이 어린애 장난과 같았지만 조정의 벼슬아
치가 헛되이 불사(祓祀)를 받드니, 한 번 제사지내는 데 드는 비용
이 너무도 많았다. 내가 이런 시를 지었다.

남궁의 학사 머리가 희뜩희뜩한데 / 南宮學士髮星星
흰 옷에 검은 두건 쓰고 부지런히 신령께 비는구나 / 白服烏巾苦
乞靈
오히려 동료들이 비웃을까 두렵도다 / 却怕朋僚爭指笑
노군(늙은이)이 와서 노군(노자)의 뜰에서 예를 올린다고 / 老君來
禮老君庭
- 성현(成俔), 『용재총화(慵齋叢話)』 권2

한편 '수경신'(守庚申)과 같은 도교적 세시풍속은 민간만이 아
니라 왕실에서도 지속적으로 이루어졌다. 이것은 경신일 밤마다
몸 속에 있는 삼시(三尸)가 하늘로 올라가 주인의 죄를 신들에게
고한다는 신앙에서 나온 풍습으로, 삼시가 빠져나가지 못하도록
밤을 새며 노는 것이다. 『동의보감』과 같은 의학서들에서도 삼
시 제거법, 양생술 등 도교적 요소들이 강하게 나타난다. 국가도
교는 조선시대 이후 축소 소멸되었지만, 민간도교에 속하는 '도
교 문화'는 그보다 넓은 범위에서 지속적인 영향을 미친 것이다.

중국에서 번성했던 교단도교들이 조선에 전파되었다는 증거는 찾기 어렵다. 그러나 개인적으로 신선술에 관심을 가지고 실천하는 사람들은 꾸준히 있었다. 이런 신선술이 중국 도교교단들의 영향을 받아 유입된 것인지, 아니면 한반도에 자생적으로 존재하던 수행전통인지에 대해서는 논란이 있다.

17세기의 문헌들 가운데 『해동전도록(海東傳道錄)』에 의하면 한반도의 선도(仙道)는 신라 말의 최승우(崔承祐), 최치원(崔致遠) 등이 당나라의 전설적인 신선 종리권(鍾離權)에게서 배워온 것이다. 반면 『해동이적(海東異蹟)』은 그런 전승을 전혀 언급하지 않고, 대신 단군이 태초의 신선이었다고 말한다. 이런 점을 보면 조선시대에도 한국 신선술의 기원에 대한 설들이 분분했다. 그러나 어느 쪽이든 정일교니 전진교니 하는 교단과 연관 짓는 설명은 아니다.

한국에서 교단화된 도교는 19세기가 되어서야 비교적 분명하게 등장한다. '무상단'(無相壇)이라는 이름의 이 교단은 삼성(三聖), 즉 관성제군(關聖帝君), 문창제군(文昌帝君), 부우제군(孚佑帝君)을 모시는 여덟 명의 도사를 중심으로 하였다. 그들은 이 신들이 자신의 몸에 강림하여 가르침을 글로 쓰게 하는 강필(降筆)의 술수로 여러 권의 경전을 만들어 출판하기도 하였다.

19세기 말 이후에 등장한 동학, 증산, 단군계 종교들, 그리고

20세기 말 이후 활발히 나타난 수행 단체들은 노자나 『도덕경』
과의 관련성을 직접적으로 내세우지는 않는다. 그러나 동학의
창시자 최제우(崔濟愚)는 동학의 핵심 상징인 영부(靈符)를 '선약'
(仙藥)이라고 불렀고, 동학 계열 종교 가운데 하나인 청림교(靑林
敎)는 강필을 중요한 수행 방법으로 삼았다.

증산계 종교들의 교조인 강일순(姜一淳)은 도교와 유교 모두의
최고신인 상제(上帝)나 도교 경전에 등장하는 구천응원뇌성보화
천존(九天應元雷聲普化天尊)과 동일시된다. 도교적 수행기법을 '민
족종교'의 일부로 재해석하는 공동체들에서는 단군을 단학(丹學)
의 기원으로 삼는다. 이 경우 노자는 단군으로, 『도덕경』은 『천
부경(天符經)』으로 대체된다. 이처럼 한국의 사례는 동아시아의
'도교적' 종교문화가 중국적 토양을 벗어난 맥락에서도 다양하게
변주되었음을 보여준다.

06

노자로 보는 한국사상
―『도덕경』의 문화신학적 역할

박일준

노자의 『도덕경』은 한국인의 텍스트이다. 이 책이 한국에서 기원했다는 말이 아니라, 한국인들이 그 고전을 읽는 '자기만의 방식'이 있다는 점에서 그렇다. 노자나 장자에 관한 책들은 많은 경우 동양철학 혹은 중국철학사의 하위범주로서 동양고전들을 배치하고, 중국의 노자와 장자 같은 인물의 철학을 사상적으로 소개하고 해석한다. 하지만 그 텍스트들이 여러 다양한 사람들에게 어떻게 읽혔는지는 별로 언급하지 않는다. 의미란 텍스트의 기원에 있는 것이 아니라, 그 텍스트가 읽히는 방식으로부터 창발한다는 사실을 고려할 때, 정작 중요한 것은 그 텍스트들이 한국인들에게 "어떻게 읽혔는지"*이다. 본고는 이런 맥락에서 『도덕경』을 한국인의 텍스트라고 주장한다. 즉 그 텍스트가 한국인의 문화에, 특별히 한국 신학에 미친 영향력을 중심으로 볼

---

* 김시천, 『철학에서 이야기로-우리 시대의 노장읽기』(책세상, 2004), 22쪽. (이하 본서 인용은 본문에 '쪽수'만 표시함)

때, 한국인들은 이 텍스트를 자기만의 문화적 방식으로 활용했으며, 이러한 한국적 읽기는 기후변화와 팬데믹으로 지구 위 모든 존재가 실존적 위협을 받고 있는 이때 이 텍스트가 세계인의 텍스트로서 읽혀질 수 있는 가능성을 시사한다.

1. '한국적 텍스트'로서 『도덕경』

문화는 고정되거나 정주하지 않는다. 문화는 교류(交流), 즉 상호적인 흐름이라는 말이다. 문화의 기원이 곧 그 문화의 소유권을 의미하지 않는다. 오히려 문화에 '소유권' 개념을 적용하는 것 자체가 문화에 대한 무지로부터 비롯되는 말이다. 예를 들어, 오늘날 서구식 옷을 입고 살아가는 동북아의 문화가 단지 서구문화의 지배하에 놓여있다고 서술하는 것은 지나친 단순화일 뿐만 아니라, 문화 자체의 성격을 전혀 몰이해하는 꼴이 될 수밖에 없다. 그렇기에 오늘날 K-Pop으로 일컬어지는 문화는 그 문화를 한국인들이 소유했다는 뜻이 아니라, 그러한 스타일의 문화가 전 세계적으로 소비되고 유통되고 있다는 것을 말하며, 그것은 '한국의 문화' 즉 한국인들만의 문화가 아니라 그것을 듣고 즐기는 사람들의 문화, 즉 세계인의 문화를 말한다. 즉 문화의 주체는 '생산자'만이 아니라, 그 문화를 소비하는 이들도 문화의 주체인 것이다. 바로 이런 의미에서 『도덕경』은 우리의 텍스트라는 말이다. 그렇다면, 동양 고전들을 읽을 때 우리는 그 고전들을 '닫힌 텍스트'가 아니라 '열린 텍스트'로 읽어야 하고, 이것이 그동안 노자나 장자에 대한 해석을 구축해 왔던 사대주의적 관점 혹은 오리엔탈리즘적 관점을 넘어, 우리의 정체성과 해석을 담은 우리의 '이야기'로 받아들여, 문화를 이해할 필요가 있는 것이다(김시천, 25). 즉 『도덕경』의 기원이 어디인가보다 훨씬 더 중요한 것은 그 텍스트들이 우리 문화 속에서 어떻게 읽혀지고, 소비되고, 유통되고, 변화를 일으키고, 전해져 내려왔느냐이다.

사실 '동양철학'이라는 개념 자체가, 서양철학을 전제로 하는 개념이다. 예컨대, 동양철학적 의미에서 노자와 장자란 결국 서양철학과 비교해서 동양적 정체성을 만들어내기 위해 "해석적으로 변형"(김시천, 33)되어야만 했다. 이런 과정에서 한중일이 혼재된 동북아시아는 중국문화라는 우산 아래 한 지붕으로 취급되어 '동양철학'이라는 범주로 통일되고, 중국 철학자 풍우란(馮友蘭)의 개념에 따라 유교를 가장 중국적인 것으로 자리매김하면서, 유교와의 관련성 속에서 도교와 불교를 구별해 나간다. 그리고 이런 서술은 신유교에서 정점을 이루고, 한국사상 혹은 철학도 조선성리학을 중심으로 기술된다. 풍우란의 사고체계와 유사하게 박이문의 『노장 사상-철학적 해석』도 그와 동일한 관점으로 서술되고 있으며, 그래서 "단편적으로 흩어진 채 표현된" 노자와 장자의 사유들을 "일관성 있는 하나의 체계"로 구성하고자 시도한다(김시천, 45; 재인용). 여기서 문제가 되는 것은 박이문의 노장 사상에 대한 구체적인 서술이나 개념이 아니라, 그의 철학이 서양철학의 대항담론으로 구성되는 동양철학이라는 방식, 그래서 동양의 사상적 담론들을 (서양)철학적 담론으로 구성하려는 "자생적 오리엔탈리즘"의 행보를 그대로 답습하고 있다는 것이다(김시천, 47). 말하자면, 서양철학과의 대비를 통해 구성되는 동양철학이란 오리엔탈리즘의 반대 현상 즉 옥시덴탈리즘으로서, 서양철학과는 독립된 독자적인 동양의 철학이 아니라, 오히려 서구철학에 이중구속(double bind)[*]된 동양철학이 될 수밖에 없다는 말이다. 따라서 이렇게 서구와의 비교를 통해 구성되는 동양철학이란 곧 "서구 철학 '닮기'의 수단이면서 동시에 서구와의 '차이'를 구제하는 이중성"을 지닌다. 바로 그러한 '차이'로 인해 동아시아는 서구로 환원될 수 없는 것이며, 따라서 서구의 식민지가 될 수 없는 고유한 가치와 정체성을 부여받게 된다. 하지

---

[*] 이중구속(double bind)이란 여기서 극복의 대상으로 삼은 서양철학이 도리어 동양철학을 규정하는 경계가 되었다는 의미에서, 동양철학 개념은 서양철학을 극복하는 것이 아니라 도리어 극복 대상이 서양철학의 경계를 따라 규정되고 있음을 지적하는 것이다.

만 문제는 이렇게 규정된 동양적 '차이들'이 동아시아 즉 한중일의 고유성으로부터 규정되기보다는 서양철학의 범주로 포함될 수 없는 것들을 정의하는 것으로부터 규정된다는 점이다. 따라서 김시천에 따르면, 이렇게 생성된 자생적 오리엔탈리즘은 "서구에 의해 생산된 오리엔탈리즘보다 더욱 우리를 구속하는 것으로 작용하고 있다"(김시천, 50).

이렇게 이중구속된 옥시덴탈리즘을 통해 억압되는 것은 서양철학의 지배력이 아니라, 역설적으로 우리의 자생적인 노자 읽기나 장자 읽기이다. 이것이 역설적인 이유는 우리의 자생적인 텍스트 읽기를 방해하는 것이 그 누구의 외압도 아닌 오히려 우리 스스로의 의식, 즉 "우리 스스로가 읽어낸 『노자』나 『장자』에 대한 이야기들을 『노자』나 『장자』라는 원전의 아류로, 이차 문헌으로 간주하는 우리 '의식'"(김시천, 58)이기 때문이다.

따라서 오늘을 살아가는 우리에게 중요한 것은 우리가 노자를 "'올바르게' 이해하고 '제대로' 번역했는가가 아니라, '어떻게' 읽었는가"(김시천, 67), 즉 그 텍스트들을 어떻게 읽고, 원전의 상황과 맥락과는 다른 우리의 문화적 상황과 맥락에 적용하고 있는가 하는 점이다. 흥미롭게도 김시천은 우리가 현재 『도덕경』을 어떻게 읽고 있는지를 이해하고 파악할 수 있는 시금석으로서 서구인이 '노자'를 어떻게 읽고 있느냐를 살펴보기를 제안한다:

그런데 재미있는 것은 현재 우리들의 『노자』 읽기가 서구인이 읽는 방식이나 내용과 별반 다를 것이 없다는 점이다. 『노자』에 나타난 철학적 사유를 기독교와 비교하여 그 다름을 말한다거나 아니면 근대 문명사회의 역기능을 『노자』의 생태주의, 페미니즘 적 사유, 반문명론 등과 연결시켜 읽는 해석들이 과연 우리 스스로 우리들의 삶과 어우러져 읽는 『노자』 이야기일까. 물론 이것은 서세동점이라는 19-20세기의 동아시아 역사가 빚어낸 어쩔 수 없는 결과인지도 모른다. 이런 의미에서 서구인의 『노자』 읽기를 살피는 것은 그 자체로 우리들의 『노자』 읽기에 대한 반성이 될 수 있다(김시천, 90).

김시천이 이 인용문에서 지적하고 있는 서구인의 『도덕경』 읽기의 문제점은 본래 텍스트의 문제의식과 상관없이 오늘 우리가 당면한 문제들에 대한 대안으로서, 즉 서구철학이 당면한 문제들에 대한 대안으로서 『도덕경』이 맹목적으로 읽히고 있다는 것이다. 그래서 서구인의 시각을 통해 생산된 『도덕경』은 그들이 당면한 문제의식을 보여주기는 하지만, 본래 텍스트의 의미와 맥락과는 다소 거리가 먼 읽기라는 점이다. 그런데 정작 우리의 『도덕경』 읽기가 서구인의 읽기와 큰 차이를 보이고 있지 않은 것은 왜인가? 그것은 우리의 '자의식'이 서구화되어 있기 때문이고, 그래서 우리도 우리 시대의 문제를 서구인의 시각에서 바라보고 체현하는 식민지적 습벽이 여전히 강하게 남아 있기 때문 아닐까. 그래서 이런 지적 식민주의를 극복하기 위해 김시천은 텍스트를 우리의 '자생적' 시각으로 읽기를 제안한다.

그런데 여기서 우리는 김시천의 자생적 '노자 읽기'는 그가 비판하는 옥시덴탈리즘을 넘어서고 있는가를 물어볼 수 있다. '자생적'이란 말이 마치 식민지적 읽기와는 대립되는 대안적 읽기인 듯이 제시되고 있기 때문이다. 이 '자생적'이란 말을 되묻는 이유는 바로 우리의 정체성이 혹은 우리 각자의 정체성이 과연 자기 스스로에서만 발원하는 자생력에 기반하는 것일까를 묻는 것이다. 아주 오래전부터 우리 문화는 다른 문화들, 특별히 중국 문화로부터 유입되는 영향력들을 담지해 왔고, 그 외부적 영향력들에 나름대로 응답-능력(response-ability)을 발휘하면서, 중국 문화와는 다른 우리 문화만의 고유성을 세워왔기 때문이다. 여기서 김시천의 시도를 긍정적으로 받아들여 서술해 본다면, 김시천은 우리 문화토양에서 형성되고 발전된 것만을 우리 것으로 간주하자는 제안이 아니라, 자생적 '읽기' 즉 우리 고유의 시각으로 읽어내는 역량을 강조했다는 점을 주지해야 할 것 같다. 즉 고유성은 '무엇'(what)에 있는 것이 아니라 '어떻게'(how)에 있다는 것이다.

따라서 김시천의 자생적 원전읽기가 그가 극복하고자 하는 오리엔탈리즘과 옥시덴탈리즘을 극복하고 있느냐의 문제는 그가 제안하는 '자생적 읽기'가 우리/그들의 이분법을 어떻게 극복하느냐에 달려 있을 것이다. 이는 곧 『도덕경』을 자생적으로 읽어내야 하는 우리를 다시 재구성해내는 김시천의 '우리' 개념이 우리 문화의 고유성을 드러내기에 필연적이고 충분하냐는 물음이다. 즉 김시천의 '자생적 노자 읽기'도 여전히 우리와 그들의 이분법을 새롭게 재구성하고자 할 뿐, 정작 그 우리/그들의 이분법을 넘어서고 있는지 물음이 남는다는 말이다.

오히려 우리는 문화란 그 어느 경우도 그 누구의 소유권이 될 수 없음을 전제로 출발해야 한다. 한국적 문화나 'K-culture'와 같은 말들은 문화적 스타일과 패턴의 문제이지, 결코 한국인의 소유권을 의미하지는 않는다. 오히려 '한국적 문화'의 고유성과 가치는 그렇게 명명되는 문화가 현재 지구촌 시민들이 당면한 공통의 문제에 어떤 대안이나 해답을 제시해 줄 수 있는가로부터 얻어지는 것이다. 이런 맥락에서 우리/그들의 이분법으로 문화적 주체를 구별하는 시도 자체가 문화를 마치 특정 민족이나 인종의 소유물로 전락시키는 꼴이다. 오늘날 범지구적으로 다문화 사회가 전개되고 있는 시대, '우리'와 다른 이들의 문화를 포용한답시고 벌이는 다문화 축제는 그들을 우리 문화의 주체로 받아들이기보다는, 우리 안에 (여전한) 타자로서 그들의 문화를 박제하고 낙인찍는 수단으로 전락하는 경우가 너무 많다. 이런 상황 속에서 '한국적 읽기' 혹은 '자생적 읽기'를 무조건적 대안으로 받아들이기는 어렵다.

게다가 대한민국은 세계정치에서 더 이상 약소국으로 분류되지도 않는다. 그런 상황에서 우리의 자생적 읽기라는 명목으로 우리/그들을 구별하는 이분법을 설정할 경우, 이는 '동양' 혹은 '한국' 또는 '한국적'으로 포장된 문화적 제국주의의 모방과 흉내로 간주될 위험성이 있다. 오히려 우리는 문화란 인간의 정치제도가 설정한 국경을 넘는다는 사실을 기억해야 한다. 자본은 자유롭게 국경을 넘나들고 있지만, 정작 그 자본을 만들어낸 사람들은 국경을 함부로 넘지 못하는 정치적 모순 아래서, 우리는 문화란 그런 인간의 인위적 제도와 권력을 넘어 새로운 아상블라주를 만들어내는 힘이라는 사실을 기억해야 한다는 말이다.

이런 맥락에서 『도덕경』(道德經)은 노자의 텍스트를 넘어 한국인의 문화적 텍스트라고 말하는 것은 다른 나라 문화를 우리 것으로 문화적으로 찬탈하려는 시도가 아니라, 이 텍스트를 읽어내는 우리만의 방식이 현재 전 세계인들과 존재들에게 가치와 의미를 제시하는 고유한 방식이 있음을 말하고자 하는 것이다. 만일 우리의 고유한 읽기가 그러한 가치를 제공하지 못한다면,

혹은 지구촌 문화를 오히려 더 갈등과 경쟁으로 치닫게 만들거나 부패하고 타락하게 만든다면, 아무리 그것이 자생적 읽기일지라도 비판의 대상이 되어야 할 것이다. 따라서 한국인의 텍스트로서 『도덕경』은 이 텍스트가 노자(老子)라 지칭되는 인물로부터 유래된, 중국문화 기원의 텍스트임을 부정하는 것이 아니다. 단지 문화의 고유성은 그 유래나 기원에 있는 것이 아니라, 주어진 문화적 소재들을 어떻게 구성하고 만들어 가느냐에 달려 있다는 것을 주장하는 것이다. 즉 한국문화의 고유성은 그 문화의 기원에 있는 것이 아니라, 지구촌 각각으로부터 유입되는 문화적 소재들을 어떻게 한국적으로 구성하고 만들어내느냐에 달려 있는 것이다. 바로 이런 맥락에서, 예를 들어 BTS는 한국문화가 되는 것이다. BTS의 음악을 구성하는 수많은 요소들이 모두 한국에서 유래했다고 주장하는 것은 문화를 도무지 이해하지 못하는 것이다. 문화는 소유권이 아니다. 하지만 동시에 BTS는 세계 각국의 사람들이 자신들 나름의 방식대로 즐기고 공유한다는 점에서 세계의 문화이기도 하다. 이런 맥락에서 BTS 문화는 결코 한국인의 소유물이 아니라, 그들의 음악을 즐기고 향유하는 세계인의 것이다. 따라서 『도덕경』이 한국의 텍스트라고 말하는 것은 『도덕경』이 한국문화와 역사 속에서 한국인들에게 어떻게 읽혀지고 활용되었느냐를 초점하는 것이지, 그 텍스트의 기원과 유래를 한국적으로 독점하려는 아전인수 격의 해석을 전개하려는 것이 아니다.

2. 동아시아의 텍스트로서 『도덕경』

『도덕경』을 읽는 우리의 문화적 경향에는 이 텍스트를 '노자' (老子)로 부르는 습벽이 존재한다. 즉『도덕경』을 노자(老子)라 불리는 이의 작품 혹은 저술로 부지불식간에 간주하는 것이다. 그래서 '도덕경'이라 부르기보다는 '노자'로 부르거나 표기하는 경우가 많다. 즉 '노자'라는 이름은『도덕경』을 노자가 저술한 책 그래서 노자의 사상이 담겨 있는 책으로 읽어내려는 노력을 부지불식간에 담고 있다. 이렇게 어느 한 사람의 저술로 읽고자 할 경우, 대체로 그 사상의 체계와 의미를 관심하며, 일관된 사상의 흐름들을 포착하려고 노력하기 마련이다. 저자의 본래 의도를 염두에 두면서 말이다.

하지만 『도덕경』은 어느 뛰어난 사상가의 사유를 체계적으로 담아내어 전달하기보다는, 오히려 그 텍스트를 하나의 문화적 경전으로 삼아 읽고 지혜를 축적했던 동북아 문명권의 집단적 지혜를 압축하고 있다는 것이 진실에 더 가깝다. 다시 말해서 『도덕경』은 어느 한 사람의 사상을 담고 있는 것이 아니라, 오히려 처음부터 그 텍스트를 공유하던 문화들의 복수성 혹은 다수성을 담지하고 있다.* 『도덕경』의 절반이 넘는 텍스트들은 일정한 운율이 있는데, 이는 필시 '구전으로 전할 때 암기를 용이하게 하기 위한 문학적 장치'인 것으로 보인다.** 그래서 미쉘 라프라그(Michael LaFargue)는 『도덕경』의 텍스트들이 "철학적 교리들을 가르치기 위함이 아니라", 일반의 상식적 가정들을 교정하기 위한 "논쟁적 교훈들"(polemic proverbs)과 특정의 자기수양법을 담지한 양생술을 권면하는 "속담들"(sayings)로 구성되어 있으며, 따라서 이 속담들은 "자신만의 역사적 시기와 삶의 경험들이라는 맥락 속에서 기대하는 독자들에게만 의미"를 담지한 텍스트라는 사실을 강조한다(Ames & Hall, 4). 이는 본래 텍스트들은 텍스트화되기 이전의 오랜 기간의 구전전승 기간을 담지하고 있다는 것을 의미하며, 이것이 텍스트화되는 과정에서 "정경화"(canonization)가 이루어졌음을 의미한다(Ames & Hall, 5). 따라서 『도덕경』은 당시에 문화적으로 널리 퍼져 있던 언어적 관습들을 매개로 공통의

---

* Hans-Georg Mueller, *The Philosophy of Daodejing* (New York: Columbia University Press, 2006), 3; 137.

** Roger T. Ames & David L. Hall, trans. with comments., *Daodejing "Making This Life Significant": A Philosophical Translation* (New York: Ballantine Books, 2003), p. 4; 또한 Mueller, *The Philosophy of Daodejing*, p. 1.

지혜 유산들을 담지하는 "땅으로부터의 소리"(the sound from the ground)였다(Ames & Hall, 6). 즉 『도덕경』은 무수한 세월을 거치며 수많은 손들을 거쳐 수집되고, 선택되고, 편집되고, 짜맞춰진 텍스트이다. 따라서 『도덕경』을 하나의 "일관된 전체의 모습을 담지한 어떤 것", 즉 한 둘의 저자가 일관된 생각으로 써 내려간 체계적인 사상서로 읽는 것은 오히려 텍스트의 본래적 가치를 간과하는 행위가 될 것이다(Ames & Hall, 7).

하지만 그렇다고 『도덕경』이 자의적인 지혜의 전승들을 모아 놓은 특정한 문화집단의 자의적이고 임의적인 텍스트라는 것을 말하는 것은 결코 아니다. 비록 그 본문의 "진실성"(veracity)은 특정 시대와 문화의 사람들로부터 유래된 것으로 보이지만, 그래서 본문들은 구체적인 역사성을 결여하고 그리고 전체 텍스트들은 어떤 보편적인 계율이나 법칙을 전달해주지는 않는다고 하더라도, 『도덕경』이라는 제목으로 모인 본문들은 "자기-수양의 양생술"(regimen of self-cultivation)을 중심으로 하고 있으며, 이를 통해 "세계 내 자신의 경험을 최대한 극대화할 수 있도록" 독자들을 유도하고 있다(Ames & Hall, 9). 그 전체 본문들을 관통하는 이 대략적인 주제의 일관성이 읽는 독자들로 하여금 시대를 가로질러 줄곧 자신들의 "개인적 변혁"(personal transformation)의 경험을 가져다주기 때문에 『도덕경』은 그 장구한 시간 동안 동아시아의 경전으로 회람되고 읽혀지는 것이다. 다시 말해서, 이 텍스트는 독자와의 상호작용을 통해 의미를 형성하는 텍스트이며, 각 독자가 처한 시대적 상황과 맥락에 따라 다양한 의미 창출을 텍스트와의 상호작용을 통해서 수행한다. 그렇기에『도덕경』은 노자(老子)라는 인물의 개인적인 창작물이 아니라, 동아시아 문명권을 살아 왔던 사람들의 공통 텍스트이며, 그 텍스트의 의미는 결코 특정 문화나 집단에 한정되기보다는, 그 텍스트들을 읽은 경험들을 통해 자기-수양과 자기-변혁의 경험들을 갖게 된 다양한 독자들과 더불어 다양하게 창발한다고 볼 수 있다. 그래서 뮐러는『도덕경』이 "익명으로 말하고 있다"고 표현한다(Mueller, 5). 그 핵심 경험을 에임스는 바로 "이 삶을 의미 있게 만들기"(making this life significant) 혹은 "세계라는 곳에서 삶의 안락함을 만끽하기"(feeling at home in the world)라고 서술한다(Ames & Hall, 11; 13). 즉 시대를 가로질러, 바로 지금 여기에서의 삶을 살아가는데『도덕경』읽기가 의미와 가치를 부여하는 경험들을 공유한다는 것이다. 텍스트에 대한 각자의 경험은 다를지라도, 그 다양성과 다수성을 가로질러 텍스트적 경험의 공유가 이루어지기에 '경'(經)으로 불리는 것이다. 이 공유된 경험은 텍스트를 읽는 독자들의 참여된 경험이자 공유된 경험이기에『도덕경』은 독자에게 '열린' 경험을 제공하며, 텍스트로서 기능한다고 할 수 있다.

현재의 『도덕경』 텍스트는 후한 때의 것으로 추정되는 하상공
본과 위진 시절 왕필의 『노자주』(老子注)에 실린 텍스트로부터 유
래한다. 이 두 판본의 차이는 『도덕경』 텍스트의 의미적 다양성
을 이미 함축하지만, 더 나아가서 1973년 마왕퇴에서 발굴된 『백
서노자』와 1993년 곽점에서 발굴된 『초간노자』는 『도덕경』이 '노
자'로 불리는 어느 한 사람의 작품이라기보다는 오랜 시간의 문화
적 전승을 거친 동북아적 지혜들이 축적된 텍스트임을 보여준다.

1973년에 발굴된 마왕퇴 본은 기존의 도(道) 장과 덕(德) 장으로
구성된 순서를 거꾸로 구성하고 있다. '백서본 노자' 혹은 '백서노
자'로 불리는 이 마왕퇴 본의 편집 순서를 따라 『도덕경』을 읽으
면, "우주론 중심의 형이상학적 사유가 강하게 배어 있는 『도덕
경』"이 아니라 "오히려 실천신학 중심의 정치적 성격이 강한 『덕
도경』"으로 읽혀진다(김시천, 128). 이는 곧 『도덕경』은 역사의 산
물이라는 것, 그리고 본래의 독자는 '우리'가 아니라는 것을 의미
한다. 김홍경은 이 마왕퇴 백서본 『도덕경』을 "통치론"이라고 보
고 있으며, 이것이 본래 『도덕경』의 모습이었을 것이라고 추론한
다.* 이 통치론을 합리화시키기 위해 후대에 도(道) 개념에 초점

---

* 김홍경, 『노자: 삶의 기술, 늙은이의 노래』(도서출판 들녘, 2003), 22쪽.

을 맞춘 다소 형이상학적 구성의 『도덕경』으로 발전했다는 말이다. 물론 김홍경은 『도덕경』을 마왕퇴 백서본의 관점에서 읽어야만 본래 혹은 오리지널 도덕경이 된다는 단순한 말을 하는 것은 아니다. 다만 당대의 학자들은 "상아탑의 교수가 아닌 제왕을 상대로" 통치의 기술을 전달하는 이들이었고, 그것이 바로 유세가들과 제자백가의 "구체적인 일"이었다는 사실을 주지시켜주고 있는 것이다(김홍경, 23).* 그래서 김홍경은 우리가 『도덕경』을 읽을 때, 우선 이 책이 "기원전 286년 이후 어느 시점에 편집된 책"이라는 사실과 이후의 편집 과정들을 거치면서 여러 사상적 흐름들을 흡수 통합하고 있는 "잡가적"(종합주의적)인 책이라는 사실, 그리고 마지막으로 지금처럼 완성된 책 형태를 갖추고 있는 모습으로서 최초의 구성인 마왕퇴본에서 핵심은 "통치술(처세술)이며 핵심적 목표는 위험이 없는 장구한 생존, 곧 장생구시(長生久視)"라는 사실을 기억해야 한다고 강조한다(김홍경, 49).

마왕퇴 백서본이 전하는 노자의 관점에서 당대 즉 전국시대는 "인위를 가하는 자는 실패하고, 붙잡으려는 자는 잃는"(爲者敗之, 執者失之, 29장) 시대로서 새로운 제도와 도덕이 일어나는 것을 억

---

* 이런 맥락에서 한스-게오르그 밀러는 『도덕경』이 당대의 정치철학자들을 위한 길라잡이(guide)였다고 본다(Mueller, ix).

지로 누르고, 낡은 제도와 도덕을 지키는 것은 어리석다는 것을 증언하는 시대였다.* 격변의 시대에 노자는 "사물들이 대립전화(對立轉化)한다"는 세계관을 전제로 한다(이강수, 44). 즉, "어떤 사물이든지 그것이 발전하여 어떤 한계에 이르면 그것의 반대방향으로 변화하게 된다"는 생각 말이다(이강수, 44). 사물들은 그 자신의 대립(對立)을 갖고 있고, 그 대립된 상대방을 "자기 존재 성립의 근거"로 삼고 있다(이강수, 45). 이를 상반상성(相反相成)이라 하는데, 이 상반상성이 "사물들을 변화 발전하도록 하는 기본적인 추진력"이라고 노자는 생각하였다(反者道之動 40장; 이강수, 46). 이러한 격변 속에서 자신을 보존하는 가장 지혜로운 길은 물처럼 흐르는 길, 즉 도(道)를 따르는 것이다. 그렇기에 노자에게 자연이란 "천지만물을 존재하고 움직이게 하는 도의 본질적인 성향"으로서, 본래 뜻은 '스스로 그러한' 또는 '자연스러운'을 의미하며 그래서 '자연'(自然)을 영어로 번역할 때, nature라고 하기보다 'self-so-ing'으로 번역하기도 한다.** 하늘과 땅, 그리고 흙과 물과 공기 등은 자연물이지 자연이 아니다. 이 자연물들이 존재하

---

* 이강수, 『노자와 장자: 무위와 소요의 철학』(도서출판 길, 2002), 22쪽.
** 한스-게오르그 뮐러(Hans Georg-Mueller)는 '자연'(自然)을 "self-so"로 번역한다 (Mueller, 48).

고 변화하도록 하는 도의 본성이 바로 자연이다."(이강수, 95) 그러한 흐름 혹은 운동이 자연이고, 우리는 그 흐름 속에 존재할 따름이다. 따라서 텍스트는 본래의 '삶의 자리'(Sitz im Leben)가 있고, 그 안에 담긴 메시지는 이 역사적 경험을 공유하는 이들을 위한 정치적 지혜를 제공하기 위한 것이다.

하지만 그 본래의 역사적 배경을 중심으로 텍스트를 읽어내는 것이 무조건 정답인 것만은 아니다. 왜냐하면 『도덕경』의 텍스트가 역사적으로 어느 한 시기에 기록되어 수집된 것은 아니기 때문이다. 예를 들어, 1993년 발굴된 곽점본 혹은 초간본 혹은 죽간본으로 불리는 텍스트는 세 텍스트들로 발굴되었는데, 갑본 20장, 을본 8장 그리고 병본 4장으로 구성된 형식들로 출토되었다. 기존의 81장으로 구성된 『도덕경』과 비교하여 훨씬 짧고 내용이 단출하다. 게다가 갑본과 병본의 겹치는 장을 하나 제외하면, 현재 81장의 『도덕경』 원문 중 겨우 31장만을 갖추고 있을 뿐만 아니라, 이 텍스트들은 그 자체로 완결성을 갖고 있어, 나머지 50장은 후대에 첨가된 것으로 생각될 수밖에 없다.* 이 첨가된 50

---

* 『곽점본 도덕경』은 기원전 4세기 초에 작성된 것으로 보이는데, 이 단출한 텍스트들이 우리가 현재 갖고 있는 텍스트 즉 81장으로 구성된 현재의 텍스트로 나아가는 "중간 단계"(the interim phase)를 의미하는 것인지, 아니면 81장의 원본으로부터 이 소장자가 취사선택해서 31장만을 죽간본으로 만들었는지에 대해서는 확고한 결론

장에는 우리에게 유명한 텍스트들 즉 『도덕경』1장도 포함되며, 따라서 우리가 죽간본을 기반으로 『도덕경』을 읽을 경우, 그 해석적 경험은 우리가 현재 갖고 있는 『도덕경』에 대한 경험과 아주 많이 다를 것으로 예상할 수 있다.

다시 말해서, 현재의 텍스트는 다양한 시대의 다양한 역사적 경험을 배경으로 생성되었고, 그렇기 때문에 본문의 'Sitz im Leben'(삶의 자리)을 어느 특정 시대로 획일화하는 것은 불가능하다. 바로 이런 의미에서 『도덕경』은 저자의 사상이나 체계를 추적하여 재구성할 수 있는 텍스트라기보다는, 그 텍스트를 읽어간 세대들의 문화적 경험의 축적 및 압축을 보여주는 것이라고 할 수 있다. 즉 이 텍스트들은 하나의 책이라기보다는 그 문화 속에서 전해 내려오는 지혜들을 모아 축적한 텍스트인 것이다. 이는 후대의 첨가들을 위작(僞作)으로 간주하고, 본래의 것이 아니라는 의미에서 틀렸다고 말하는 것이 아니다. 현재 우리가 갖고 있는 텍스트는 그것 자체로 하나의 완결된 텍스트이며, 우리는 이를 통해 그것이 담고 있는 지혜들을 읽는다. 다만 이 텍스트들

을 내릴 수는 없다. 하지만 『도덕경』이 수집 및 편집되었을 것이라 여겨지는 시대에 가장 근접한 발굴 텍스트가 이 곽점에서 출토된 죽간본인만큼 이 죽간본이 현재 편집본 상태보다 더 원형일 가능성은 상당하다고 말할 수 있으며, 로저 에임스(Roger T. Ames) 역시 이 견해를 따른다(R.T. Ames & D.L. Hall, *Daodejing*, 2).

의 전승사를 간과하고, 이를 노자(老子)라는 한 인물의 저술로 간주하고 읽을 경우, 우리는 본래의 텍스트에는 없는 보다 정교하고 체계적인 철학적 텍스트로서만 간주하려는 성향을 갖게 되는 위험을 지적하려는 것이다. 후대의 본문들이 첨가된 지금의 텍스트는 그것 나름대로 본연의 가르침을 담고 있다. 즉 『도덕경』은 노자의 손으로 직접 저술한 성격의 책이라기보다는 전승되어 오는 지혜들을 엮고, 거기다 자신의 생각들을 덧붙여 나아가면서, 공유되는 지혜의 경험들을 압축해 놓은 것이다. 즉 처음부터 『도덕경』은 개인의 창작과 저술이 아니라, '우리'가 함께 만들어 온 텍스트라는 것이다. 여기에서 '텍스트'는 문자로 쓰여진 텍스트만을 의미하지 않으며, 그것을 각각의 고유한 문화적 관점으로 읽어내는 관습들도 포함된다.

그렇다면 우리는 노자를 "중국의 역사", 즉 "사마천이 빚어낸 '중국의 역사'"라는 틀을 넘어서 읽어야 한다(김시천, 129). 노자나 장자는 우리가 알고 있는 "중국"이라는 세계에서 살지 않았다. 왜냐하면 오늘의 중국이란 현대 이전에 존재한 적이 없기 때문이다. 사마천의 중국은 오늘날의 중국과 동일하지 않다. 물론 '중국'이라는 지역을 살아온 사람들의 역사가 오늘의 중국으로 이어지는 것은 사실이라고 할지라도, 오늘의 중국은 사실 근현대 역사를 거쳐 만들어진 개념적 발명임을 주지하자는 것이다.

아울러 현재『도덕경』은 중국인들만이 읽는 텍스트가 아니라, 동아시아인들에게 수천 년 동안 공유된 텍스트일 뿐 아니라, 성서 다음으로 전 세계로 번역이 많이 이루어진 텍스트임을 기억한다면,『도덕경』을 중국이라는 틀을 넘어 읽어야 할 분명한 이유가 된다. 다시 말해서 여기에『도덕경』을 중국의 텍스트로서가 아니라 '동아시아의 텍스트'로 읽어내야 할 가능성이 존재한다. 즉 역사를 넘어, 동아시아인들의 삶을 위한 "주석"으로 읽어낼 수 있는 가능성 말이다(김시천, 150). 여기서 주의할 점은 '동아시아'란 기존하는 지리적 개념으로 오해하지 말아야 한다는 것이다. 동아시아란 존재하지 않는 개념이다. 지리적으로 한ㆍ중ㆍ일 삼국을 기반으로 하는 동아시아란 고정되고 폐쇄된 지역이 아니며, 지구촌 다른 지역들과 구별되게 한정하여 그곳을 '동아시아'라고 이름짓는 것은 개념적 발명이고, 이러한 개념적 발명에는 언제나 정치적 권력 작용이 작동한다. 우리에게 친숙한 '동아시아'란 개념은 늘 세계사 속에서 중국이라는 문화 유산 아래 한국과 일본을 아류로 포함하는 개념이다. 하지만 그 '동아시아'는 지금 존재하지 않는다. 한국과 일본을 아류로 분류하는 개념 하에서의 동아시아란 동아시아 정치 질서를 그렇게 구성하고픈 정치적 욕망이 투사된 결과일 뿐이다. 그러한 동아시아는 이 글에서 말하는 '동아시아'가 전혀 아니다. 오히려 이런 식으로 '동아시아'

를 읽어내려는 관행을 거부하고, 서로의 문화적 독자성, 즉 얽힘 (entanglement)의 내적-작용(intra-action) 속에서 한중일의 문화교류를 파악하려는 새로운 시각의 도입이 필요하다. 그것은 곧 '도래할 동아시아'(East Asia to come)을 말하는 것이다.

긴 세월 동안 동북아의 지식인들이 『도덕경』을 읽는 것은 철학자가 되기 위함이 아니라 "성인"(聖人)이 되기 위함이었고, 이는 철학적이고 논리적인 사고방식을 함양하기 위함이 아니라 "삶의 기술을 증진"시키기 위함이었다(김시천, 154; 158). 이렇게 동아시아의 텍스트로서 『도덕경』을 읽는다는 것은 "고전에 국적이 없다"는 것을 말하는 것이고, 이는 "그 고전이 잉태된 사회와 문화의 존재를 부정하려는 것이 아니라 읽는 사람의 맥락이 더욱 중요하다"는 것을 강조하기 위함이다(김시천, 161). 그렇기에 오늘날 우리가 『도덕경』을 "경"(經)으로서가 아니라 "텍스트"로 놓고 끊임없는 재해석의 가능성을 열어 놓고 읽을 수 있을 때, 『도덕경』은 중국의 고전을 넘어 '한국인의 텍스트'가 될 수 있을 것이다(김시천, 163). 기독교의 성서가 한국인의 텍스트가 될 수 있듯이 말이다. 문화적 공통의 텍스트로서 『도덕경』을 개념적으로 재구성해 낼 수 있을 때, 우리는 그저 함께 살아가는 차원을 넘어, '함께-

삶을-만들어-나가는'(sympoietic)* 공통체로서 동북아를 말할 수 있을 것이다. 이렇게『도덕경』이 중국의 텍스트를 넘어 동아시아의 텍스트가 되고, 한국의 텍스트가 될 때, 그 텍스트는 세계인의, 세계 문명의 텍스트가 될 잠재성을 갖고 있고, 사실 이미『도덕경』은 그 장구한 번역의 역사와 독자층들을 고려할 때, 이미 세계인의 텍스트가 되었다고 말할 수 있다. 따라서『도덕경』이 한국인의 텍스트라는 말은 곧 이 텍스트가 세계인의 텍스트임을 주장하는 것이다.

3. 해석적 다양성의 증가로서 텍스트의 의미
:『도덕경』1장을 중심으로

문화의 본질은 문화가 무엇(what)이냐를 규정하는 개념이 아니라, 오히려 어떻게(how) 읽고 구성해 내느냐에 따라 결정된다.

---

* Donna Haraway, *Staying with the Trouble: Making Kin in the Chthulucene* (Durham: Duke University Press, 2016), p.58. 해러웨이는 이 책에서 '공생'(symbiosis) 개념에 '함께-만들기'(making-with)의 개념을 더해 "공동생산"(sympoiesis) 개념을 제안한다. 이는 유기체를 '자가생산'(autopoiesis) 개념으로 정의하는 프란시스 바렐라와 움베르토 마투라나의 정의를 '공생'의 관점으로 연장한 것이다. 삶은 홀로 존재하지 않으며, 언제나 다른 존재들과 더불어 함께-만들어 나가는 것임을 해러웨이는 강조한다.

이를 보여주는 대표적인 사례가 바로 『도덕경』 1장 읽기 방식이다. 『도덕경』 1장이 죽간본에는 존재하지 않는다는 사실은 이미 언급한 바 있다. 초기의 본문이 아니었다고 해서, 이 본문이 『도덕경』의 본래 메시지와 무관한 것은 아니다. 후대의 본문임에도 불구하고, 1장에 배치된 것은 이 후대의 본문이 오히려 『도덕경』의 핵심 메시지를 포착하고 있기 때문일 수 있다. 그래서 오늘의 우리에게는 이 1장이 『도덕경』의 핵심 의미를 함축하는 텍스트로서 읽혀진다. 이 본문을 어떻게 읽느냐를 통해 『도덕경』이 오늘 우리에게 던져주는 의미를 재구성한다는 말이다.

그런데 '읽기'는 획일적이지 않다. 비록 『도덕경』의 본문이 역사의 어느 시점에 지금과 같은 형태로 확정되었다고 하더라도, 그 텍스트를 어떻게 읽느냐는 결코 획일적 방식으로 결정되지 않는다는 말이다. 예를 들어 『도덕경』 1장을 읽는 방식과 연관된 고전적 논쟁들이 존재하는데, 우선 1장의 기존 텍스트는 다음과 같다:

道可道非常道 名可名非常名

無名天地之始 有名萬物之母

故常無欲以觀其妙 常有欲以觀其徼

此兩者同出而異名 同謂之玄玄之又玄

衆妙之門

이 텍스트를 읽는 방식과 연관된 고전적 논쟁들을 잠시 살펴보자면:

(1) 도가도비상도(道可道非常道)에서 '상'(常)의 해석문제; (2) 무명천지지시, 유명만물지모(無名天地之始, 有名萬物之母)의 구두점 문제, 즉 無名, 天地之始, 有名, 萬物之母(이름 없는 것이 천지의 비롯함이고, 이름 있는 것이 만물의 어머니이다)로 구두할 것인가 아니면 "無, 名天地之始, 有, 名萬物之母"(무는 천지의 비롯함을 이름한 것이고, 유는 만물의 어머니를 이름한 것이다)로 구두할 것인가의 문제; (3) 상무욕이관기묘, 상유욕이관기요(常無欲以觀其妙, 常有欲以觀其徼)의 구두점 문제, 즉 "常無欲, 以觀其妙, 常有欲, 以觀其徼"(항상 무욕함으로써 그 묘함을 보고, 항상 유욕함으로써 그 요를 본다)로 구두할 것인가 아니면 "常無, 欲以觀其妙, 常有, 欲以觀其徼"(항상된 무에서 그 묘함을 보고자 하며, 항상된 유에서 그 요를 보고자 한다)로 구두할 것인가의 문제; (4) 此兩者同出而異名(차양자동출이이명)을 "此兩者, 同出而異名"(이 두 가지는 함께 나왔지만 이름을 달리한다)로 구두할 것인가 "此兩者同, 出而異名"(이 두 가지는 같다. 나오면서 이름을 달리한

다)로 구두할 것인가의 문제.* 이 논쟁들은 '의미'란 쓰여지고 기록되어 이미 고정된 문자를 정확히 해석함으로써 얻어지는 것이 아니라, 비록 고정되어 있을지라도 이 문자를 해석하는 방식들을 통해 형성된다는 사실을 보여준다. 그리고 이 해석적 다양성과 논쟁은 텍스트의 본래 의미보다, 오히려 텍스트를 읽어내는 다양성의 증가를 통해 의미가 창출된다는 것을 보여준다. 이와 연관하여 이 논쟁점들을 조금 더 깊이 살펴보기로 한다.

(1) 상(常)을 '영원한'을 의미하는 말로 해석하면, '도'라 말할 수 있는 도는 영원한 도 혹은 진정한 도가 아니라는 뜻이 될 수도 있다. 이 경우 '이름할 수 있는 도'는 진정한 도 혹은 본연의 도가 아니라, 극복되어야 할 '도'로 여겨질 수 있다. 그런데 이 상도(常道)를 '일상의 도' 혹은 '평범의 도'를 의미하는 말로 해석할 수도 있다. 후자의 경우로 읽을 경우, '도'란 누군가의 권위나 입을 통해 전해진 도가 아니라, 우리의 구체적인 일상 속에서 구해지는 것이라는 의미로 읽을 수도 있다. 그렇다면 '말하여질 수 있는 도'는–그것이 무엇이건 어느 정도–진정성(authenticity)을 담지한 도

---

* 조민환, 『노장 철학으로 동아시아 문화를 읽는다: "있음은 없음에서 나온다"』 (한길사, 2003), 23-24쪽. (이하 이 책 인용은 본문에 '쪽수'만 표시)

라고 간주될 수도 있다. 어떻게 읽느냐에 따라 본문의 의미가 '달라지는 것'이 아니라, 그 이독(異讀)을 통해 다양한 의미를 모색할 수 있게 된다. 따라서 '常'(상)을 어떻게 읽느냐에 따라, 영원한 도를 의미할 수도, 세상 보통 사람들이 말하는 도를 의미할 수도 있다(조민환, 25). '도'를 일상을 초월하는 도라고 이해하는지 아니면, 도란 우리의 일상 속에 임재되어 있는 것이라고 이해하는지에 따라 우리의 읽기 경험은 달라질 것이다.

(2) '無'(무)와 '有'(유)에서 각각 구두하면, '무'와 '유'를 명사적으로 개념화하여 이해하게 된다. 이러한 경향은 주로 송대의 왕안석, 사마광, 소철 등에 의해 발전되었다(조민환, 30). 이는 무와 유를 송대의 체용론, 이기론 등의 관점에서 읽어내는 것이다. 이때 '무'나 '유'가 일종의 철학적 개념이나 실체로 간주되며, 이를 송대 유학자들은 체용(體/用)의 관점에서 읽었다. 예를 들어 무에 더 강조점을 두었던 왕필에 반해, 송대 유학자들은 무/유를 체/용의 관계로 이해하면서, 예를 들어 "무와 함께 유, 즉 용을 중요시"(조민환, 32)하였는데, 이는 곧 현실, 즉 현상계를 중시하는 유학의 관점으로 본문을 읽는 것이다.

이와 달리 '유명'과 '무명'으로 구두하는 경우는—주희는 이 입장을 따르는데—'도가도'와 '상도'의 구분이 바로 '유명'과 '무명' 그리고 '상무욕'과 '상유욕'의 구분으로 이어지며 리듬을 탄다(조민환, 33). 하지만, 동일한 구두법을 따르는 왕필과 달리, 주희에게 '도'란 주역의 태극과 같은 개념으로 이해된다는 또 다른 문제를 야기한다(조민환, 35). 주희는 『도덕경』 40장의 유생어무(有生於無; 유는 무에서 난다)를 비판하는데, 주희의 입장에서 "노자는 유와 무를 별개의 두 가지로 보았으며 도와 덕 또한 별개의 것으로 구분하여 이해"(조민환, 75)하고 있기 때문이다. 주희의 관점에서 체/용은 전혀 다른 두 개의 것에는 적용될 수 없는 것이며, 유와 무의 관계를 체용의 관계로 보기 위해서는 유와 무를 동일한 것의 관계로 범주화시켜야 한다고 보았다. 따라서 주희는 노자 1장을 주석하면서 "유명"과 "무명"으로 구두하였고 이는 그가 노자의 무를 인식론적 측면에서 이해하였음을 방증하는 예이다(조민환, 78). 이러한 주희의 노자 이해가 갖는 독창성은 그가 노자의 '도'를 "태극으로 이해한다는 점"(조민환, 78)이다. 하지만 그러면서 주희의 해석은 태극을 '리(理)'로 이해할 것인가 아니면 '기(氣)'로 이해할 것인가의 또 다른 문제를 낳는다. 주희는 '도'와 '태극'과 '리'를 같은 것이 다르게 나타나는 것으로 이해하였다(조민환, 81).

(3) 상무(常無)로 구두할 것인지, 상무욕(常無欲)으로 구두할 것인지의 문제: '常無(상무), 欲以觀其妙(욕이관기묘), 常有(상유), 欲

以觀其徼(욕이관기요)'로 구두하는 경우는 이미 『장자』〈천하〉편에 나오는데, 송대의 왕안석, 사마광, 소철 등이 이 구두법을 따랐다. 역시 상무를 도의 본(本), 상유를 도의 체(體)로 보는 입장이다. 이 경우, "항상된 무에서 그 묘함을 보고자 하며, 항상된 유에서 그 요를 보고자 한다"로 해석되는데, 이 경우 '상무욕'(常無欲)에서 '무욕'으로 보는 경우와 의미가 많이 달라진다. 즉 왕필의 경우처럼, 常無欲, 以觀其妙, 常有欲, 以觀其徼으로 구두하면, "항상 무욕하여 그 마음을 공허하게 하면 그 사물이 시작하는 묘함을 볼 수 있다"로 해석이 가능한데, 이 경우 강조점은 '무'나 '유'가 아니라 '욕'(欲) 혹은 욕망 혹은 마음에 놓이게 된다. 즉 '무'(無)에 강조점을 둘 것인지, 아니면 '무욕'(無欲)에 강조점을 둘 것인지에 따라 본문의 의미가 달라진다. '욕'(欲)에 방점을 둔다면, 인간의 마음작용을 더 주목하는 것이고, 무(無)에 방점을 둔다면 '자연'(自然, self-so-ing)의 작용을 더 주목하는 것이 된다. 어떤 해석을 적합하게 받아들이냐 하는 문제는 결국 이 텍스트와 더불어 우리가 어떤 문제들에 당면해 있느냐일 것이다. 각각의 해석은 해석자들의 상황에 대한 해석자들의 응답(response)일 것이기 때문이다. 이런 맥락에서 『도덕경』 읽기에 대한 단 하나의 답은 이미 고래로부터 존재하지 않는다고 말할 수 있다. 그것을 어떻게 읽어내느냐의 문제는 원본이 아니라, 현재 그 텍스트를 읽고 있는 독자들의 상황성인 것이다.

(4) 차양자동출이이명(此兩者同出而異名)의 구두문제: 此兩者(차양자), 同出而異名(동출이이명)으로 구두하는 경우가 가장 일반적인 구두법으로 알려진다. 즉 "이 두 가지는 함께 나왔지만 이름을 달리한다"(조민환, 39)는 해석이다. 송대 이학(理學)의 시각을 빌린 정역동의 풀이를 보면, "두 가지는 유와 무다. 도는 무로써 체를 삼고 유로써 용을 삼는다. 두 가지는 모두 도에서 나왔으므로 일원이다. 그런데 유와 무의 다른 이름이 있다. 무는 미(微)이고 유는 현(顯)이다"(조민환, 40). 하지만 이와 달리, 此兩者同(차양자동), 出而異名(출이이명)으로 구두하는 방법이 제시되기도 했는데, 이는 도가의 인물로 분류되는 진경원에서 비롯되며, 이 구두법은 양자의 미분화된 상태를 강조하는 풀이, 다시 말해 전자는 '같다'는 점을 강조하고, 후자의 구두법은 '함께 나오다'를 강조하는 것으로 볼 수 있다(조민환, 41). 이는 '도'(道)가 유/무의 이분법을 넘어서 존재하는 것인지, 혹은 그 유/무라는 이름들과 더불어 출현하는 것인지에 대한 이독(異讀)인 것이다.

이상의 경우를 통해 우리는 『도덕경』의 본래 뜻이나 원본이 무엇인지를 아는 것만큼이나, 다양한 이독들을 통해 다양한 의미의 창출이 가능하고, 그를 통해 우리 시대를 위한 텍스트로 고전을 읽어낼 수 있다는 것을 알 수 있다. 하지만 이것을 텍스트를 자기가 원하는 대로 읽어내면 된다는 '상대주의' 입장으로 혼동하지는 말자. 우리가 텍스트를 읽는 것은 우리의 경험이 있기 때문이고, 우리의 경험은 상대적인 것이 아니라, 우리 자신에게는 적어도 우리 자체가 된다는 것을 말이다. 텍스트가 다르게 읽히는 것은 바로 우리의 축적된 경험이 각각 다르기 때문이지, 결코 텍스트가 다양한 상태로 우리에게 모습을 드러내는 것이 아니다. 따라서 어느 것이 더 본래적인 해석이냐를 시험하는 것은 잘못된 물음일 수 있다. 해석자들 각자는 각자의 문제의식을 통해 본문을 읽고, 그리고 자신의 독법을 통해 『도덕경』의 텍스트 속에서 자신들이 당면한 문제와 대안을 인식하고자 하기 때문이다. 즉 그들은 모든 시대 모든 사람들을 위한 보편적인 해법을 추구하기 보다는 자신들의 문제에 대해서 『도덕경』이라는 고전 속에서 나름의 대안을 추구하고 있는 것이다. 이러한 맥락에서 다양한 '이독'(異讀)들은 각자가 당면한 문제의 다양성이지, 결코 텍스트 자체의 다양성이 아니다. 하지만 다시 한 번 강조하자면, 해석적 다양성은 상대주의적 다양성이 아니다.

예를 들어, 한스-게오르그 뮐러는 『도덕경』의 자연 개념을 '자연'(自然) 즉 "self-so"로 이해하고, 이를 마투라나와 바렐라의 '자가생산'(autopoiesis) 개념으로 이해한다(Mueller, 50). 뮐러가 자연을 "the self-so"로 이해하는 것은 인간중심적인 서구적 사유에 대한 대안을 모색하려는 문제의식이다. 그리고 그 자연 자체의 힘을 '오토포이에시스' 즉 자가-생산('self-making' 혹은 "self-production")의 개념으로 이해하는 것이다. 여기서 놓치지 말아야 할 것은 마투라나와 바렐라의 '자가-생산' 개념은 유기체를 정의하는 개념이었다는 사실이다. 마투라나와 바렐라는 생명의 고유성이 '유기체'적 작용에 있다고 보고, 그 유기체가 비생명적 존재들과 구별되는 특성이 '스스로 만들어낼 수 있는 능력'에 있다고 본 것이다. 이는 서구의 근대화 이후 진행된 생명 경시 사상이 무한경쟁과 승자독식의 지배 시스템을 만들었고, 그러한 적자생존 시스템에서 생명이 너무나도 쉽게 도구화되어 왔던 역사를 성찰하며, 문제의식을 반영하는 해석이었다. 뮐러는 바렐라와 마투라나의 이러한 문제의식에 동조하면서, 『도덕경』의 텍스트 속에서 그에 비견되는 동양적 개념으로 자연(自然)을 본 것이다. 이 동양적 자연 이해는 인간을 창조의 면류관으로 보고, 비인간 존재들을 도구적 수단으로 활용하고 남용할 수 있다고 보게 만들었던 서구의 자연, 즉 nature 이해를 변혁할 수 있는 대안으로 다가왔던 것이다.

그러나 이미 언급했듯이, 해러웨이는 마투라나와 바렐라

의 '자가-생산'으로서 유기체 개념이 지구에서 살아가는 존재들의 중요한 측면을 생략하고 있음을 지적한다: '공동-생산'(sympoiesis). 수분을 위해 꿀벌을 필요로 하는 꽃과 꿀을 얻기 위해 꽃이 필요한 꿀벌의 관계는 '자가-생산'의 관계도, 무한경쟁과 승자독식의 관계도 아니다. 사실 '존재'하는 것들의 대부분의 양식들은 '함께-만들기'(sympoiesis, 'making-with')이다. 즉–그 어떤 존재도–존재는 홀로 존재하지 않는다. 왜냐하면 존재한다는 것은 언제나 '함께-존재를-만들어-가는 것'이기 때문이다. 즉 존재로서 우리는 서로를 필요로 한다. 자기를 위해 그리고 서로를 위해서 말이다. 그래서 존재란 '얽힘'(entanglement)이다. 얽힘으로부터 유래한다는 의미가 아니라, 얽힘 자체가 존재라는 의미에서 말이다. 해러웨이는 뮐러의 문제의식에 반대하기 위해 '공동생산'(sympoiesis) 개념을 제시하는 것이 아니다. 동시대인임에도 불구하고, 뮐러가 자연을 자가생산으로 이해하던 시기와 해러웨이가 '공동생산' 개념을 구성하는 시대의 문제의식이 달라졌기 때문이다. 즉 해러웨이가 보기에 우리 시대의 가장 긴박하고 위급한 문제는 바로 기후변화와 생태위기와 같은 것이다. 기후위기와 생태위기는 '인간중심주의의 극복'을 넘어 비인간 존재들의 행위주체성을 고려할 수 있어야 한다는 문제의식이 지난 30년 간 자라나온 것이다. 그리고 존재란 언제나 '얽힘'(entanglement)이라는 문제의식도 카렌 바라드의 『반쪽의 우주를 마주하다』* 출판 이후 숙성되어 왔다. 즉 밀러가 '자연'을 '자가생산'으로 이해하는 문제의식과 해러웨이가 '공동생산'으로 이해하는 문제의식의 차이가 '자연'에 대한 해석적 차이를 만들고, 이 차이는 그저 추상적인 개념의 차이가 아니라, 당면한 문제들에 대한 의식의 차이로부터 비롯되는 것이다. 그래서 자연 개념에 대한 차이는 결국 우리의 구체적인 삶에서 물화(materialize)하는 의미의 차이, 즉 삶의 차이로 이어지는 것이다. 물론 해러웨이는 그녀의 '공동생산' (sympoiesis) 개념을 『도덕경』과 연관지어 생각하지 않는다. 하지만 그렇다고 '자연'(自然, sympoiesis) 개념을 공동생산 개념으로 해석할 여지가 전혀 없는 것은 아니다. 오히려 『도덕경』은 무와 유, 무명과 유명, 음과 양 등이 어우러져 도의 움직임을 구성하며, 이 원리는 '반자'(反者)로 표현하고 있다는 점에서, 자연은 언제나 홀로 운행하는 것이 아니라 함께 운행하는 것이라고 볼 수 있다. 다만 이 해석적 다양성이 상대주의적 실재관을 의미하는 것이 아니며, 상대주의적 입장을 정당화하는 것도 아니다. 우리의 현실과 실재는 불가분리하게 얽혀 있고, 우리의 시대적 '문제의식'

---

* Karen Barad, *Meeting the Universe Halfway: Quantum Physics and the Entanglement of Matter and Meaning* (Durham: Duke University Press, 2007).

은 그 불가분리한 얽힘을 시대적 상황 속에서 읽기 때문에 해석적 다양성이 발생한다는 사실을 이 사례를 통해 설명하고자 할 뿐이다. 다시 말해서 각자는 각자의 문제의식을 통해 텍스트들 속에서 대안을 찾는다.

사실 전통의 힘은 '원본의 힘'이 아니다. 해석적 다양성을 함의한 텍스트로서 고전은 획일적이고 고정된 대답을 주지 않으며, 새로운 문제의식으로 텍스트를 돌아보면 텍스트가 제시하는 의미는 전혀 다른 시각으로 읽힌다. 이 해석적 다양성을 위한 잠재력이 바로 고전의 힘이다. 새로운 문제에 대한 대안을 담지하고 있는 역량이 텍스트에 있기 때문에, 우리는 거듭 고전으로 돌아가 우리의 문제에 대한 대안을 모색해 보는 것이다. 그래서, 예를 들어 스티븐 제이 굴드가 "진화는 진보(progress)가 아니라 다양성의 증가다"라고 했듯이, 문화는 의미의 진보가 아니라 의미의 해석적 다양성의 증가라고 할 수 있다. 그 다양성 속에 잠재된 역량들을 통해 우리는 다양한 문제들–심지어 우리가 아직 당면하지 못한 문제들까지도–에 대한 대안을 모색하기 위해 고전으로 돌아갈 이유와 가치를 갖게 되기 때문이다. 이를 뒤집어서 말하면, 문제없는 시대란 없다. '시대'라는 것은 언제나 자신이 당면한 문제가 있고, 고전은 그 다양한 시대들에 고정되고 획일적인 정답을 제시하는 것이 아니라, 다양한 시대가 당면한 문제

에 대한 다양하고 중층적인 해석적 잠재력을 통해 다양한 의미
와 해석을 열어줌으로서 다양한 문제에 우리가 대처할 수 있도
록 만들어주는 힘이 있다.

이러한 이해의 연장선상에서 우리의 『도덕경』 읽기 전통을 잠
시 돌아보자. 전통적으로 유학자가 해석하는 노자는 '수기치인'
(修己治人)을 위함이다(조민환, 85). 같은 맥락에서 조선후기의 박
세당은 노자를 그렇게 해석하였다. 이는 노자를 유학화하려는
것이 아니라 '수기치인'을 통해 성인에 이르는 것은 유가만의 독
점이 아님을 밝히면서 유가의 배타주의를 넘어서려는 박세당의
학문적 기개를 보여준다(조민환, 87). 박세당은 체용론의 관점에
서, 특별히 '체용일원'의 관점에서 노자와 장자를 읽었다. 주목할
만한 것은 그가 상무(常無)를 상도(常道), 무명(無名)의 차원, 즉 체
(體)의 차원에서 이해하고, 유명을 상유(常有)의 차원에서 즉 용
(用)의 차원에서 이해했다는 것이다. 박세당에게 "무명의 체란
이(理)가 천지의 앞에 갖추어져 있다는 것을 의미하며, 유명의 용
이란 상이 만물의 처음에 생한 것"(조민환, 91)이라는 의미였다.
이는 왕필이 실상, 비실상으로 나누어 이해한 것과는 다른 이해
를 보여주는 것이다(조민환, 95). 다시 말하자면, 박세당은 체용론
의 관점에서 "도체는 본래 허(虛)하다"는 자신의 이해를 자신만
의 방식으로 전개해 나간 것이다. '허'(虛)하다는 것은 단순히 '공

허하다'는 것을 의미하지 않는다(조민환, 96). 그 '허'는 "천지만물을 생성하는 작용력이 있는 지허(至虛)이자 지유(至有)이다"(조민환, 97). "박세당은 상무를 상도와 '무명천지지시'(無名天地之始)의 '무명'과 동일한 차원으로 이해하면서 그것을 무명지체(無名之體)로 해석한다"(조민환, 99). 이때의 '상무'는 공무(空無)가 아니라 "무형무적이기 때문에 이름할 수 없다는 의미로서의 무명의 체(體)"를 가리킨다(조민환, 99). 이 경우, 박세당에게 "무는 도(체)를 형용하는 의미로서의 무이며, 유는 명(용)을 형용한다는 의미로서의 유로 이해할 수 있다"(조민환, 100).

조선시대의 보만재(保晚齋) 서명응(徐命膺, 1716-87)은 조화설에 초점을 맞추어, 즉 역학적 관점에서 노자를 이해하였다. 구체적으로는 『태극도설』의 '무극이태극'(無極而太極)에 근거하여 "형태는 없으나 이치는 있다"(無形而有理)는 관점에서 노자를 해석하였다(조민환, 107). 즉 서명응은 "태극의 도"와 "음양의 덕"으로 노자를 이해한 것이다(조민환, 113). 말하자면, "『노자』의 도를 『주역』의 태극으로, 또 그 태극이 무성무취하다는 점에서 무극으로"(조민환, 119) 본 것이다. 더 나아가, 서명응은 '명'(名)을 음양으로 이해하였다(조민환, 123). 그에 따르면, "태극과 음양은 함께 생한다. 하지만 이름에 있어 태극은 무명, 음양은 유명이란 점에서 다르다"(조민환, 124). 즉, "태극은 이(理)라는 입장이며, 음양인 명이 기화이형(氣化已形)하다는 것은 곧 기(氣)를 의미한 것으로 볼 수 있다"(조민환, 131).

이와 같은 이러한 다양한 해석 뒤에는 각 인물의 시대가 당면한 문제의식이 놓여 있고, 그들은 당대의 여러 문제에 대하여 다양한 해석들을 통해 나름대로의 대안을 모색한 것이다. 이 다양한 해석 뒤에 놓여있는 복잡한 문제들을 포착하지 못한 채 단순히 개념들만 나열할 경우, 우리는 다양한 해석이 결국 다양한 말놀이에 불과하다는 잘못된 인상을 받는다. 박세당과 서명응의 다양한 이해는 유교적 질서 속에서 『도덕경』의 텍스트가 담지한 지혜를 통해 한편으로는 유교적 질서의 변혁을 도모하는 것이고, 다른 한편으로는 그 텍스트에 담긴 지혜를 유교문화권의 청중들에게 소개해 주는 일이었다. 이는 뮐러와 해러웨이처럼 박세당과 서명응이 각자가 당면한 문제를 통해 『도덕경』 텍스트에 묻고, 이에 텍스트가 응답하면서 이루어지는 '해석공동체'의 모습을 보여주는 것이다.

4. 천명의 해체로서 『도덕경』의 도
: 한국문화 속 『도덕경』의 해체적 역할

한국문화 속에서 『도덕경』은 나름대로 문화적 역할을 수행

해 왔다. 박세당과 서명응의 예에서 볼 수 있듯이, '입신양명'(立
身揚名)과 '수신제가치국평천하'(修身齊家治國平天下)의 유교적 정
치문화 질서 속에서 『도덕경』의 텍스트는 유교적 수기치인(修己
治人)의 인간상을 해체하고, 천명(天命)의 이데올로기를 고발하
면서, 각자도생(各自圖生)의 도를 드러내 보여준다.* 여기서 각자
도생은 자기만의 이기주의를 의미하지 않는다. 오히려 이 용어
는 조선왕조실록에도 네 번이나 등장하는데, 임진왜란과 병자
호란, 정묘호란 등 외적의 침입과 전쟁이 거듭되는 가운데 그 누
구도 나를 도와주지 않고 그 누구도 나를 책임져 주지 않는 현실
에서 삶의 도, 즉 삶의 길을 모색하는 문화적 지혜인 것이다. 이
런 문화적 지혜의 이면에는 삶을 가능케 하는 실재(reality)란 우리
가 마주한 현실로부터 비롯되며, 이 현실은 고정되거나 정지되
어 있지 않고 꾸준히 새로운 상황으로 흘러가는 흐름이라는 것,
그리고 이런 흐름 속에서 "우리의 삶을 구성하는 사건들과 사물
들 간에는 존재론적 동등성(ontological parity)이 존재한다"는 깨달
음이 담겨 있다(Ames & Hall, 13). 즉 흑과 백, 참과 거짓, 위와 아

---

* 실로 『곽점본 도덕경』은 "노골적인 반-유교적 반론"(explicit anti-Confucian polemic)
  을 제시하고 있으며, 이는 유교 자체에 대한 부정이라기보다, 『도덕경』이라는 텍스
  트가 유교적 생활문화 속에서 감당하는 해체적 역할을 보여주는 것이라 여겨진다
  (Ames & Hall, 2).

래, 음과 양 같은 대립적 형질은 그 자체로 옳고 그름이 아니라, 그 대립들이 한데 어울려 '자연'("self-so")의 흐름을 이루고 있다는 것, 그렇기 때문에 한 기운이 절정에 차오르면 곧 그 반대 기운의 시간이 따라온다는 '반자'(反者)의 지혜가 『도덕경』을 통해 축적되어 있는 것이다. 바로 이런 깨달음이 동아시아를 살아가던 다양한 시대와 사람들에게 공유되었고, 이것이 도(道)와 덕(德)으로 압축되었다고 말할 수 있다. 이런 의미에서 『도덕경』의 지혜는 "그 어떤 전지전능한 관점을 허용하지 않는다"고 할 수 있다 (Ames & Hall, 18). 흑으로 명명되건 백으로 명명되건, 그 어떤 것도 정답이 아니다. 오히려 행복과 불행은 '반자'(反者)의 운동성으로 작동하면서, 누군가의 행복은 누군가의 불행이 되고 누군가의 슬픔은 누군가의 기쁨이 된다. 하지만 그 누구에게도 절대적인 행복과 절대적인 불행이 주어지는 것은 아니며, 시간과 세월의 흐름을 따라 운(運)은 돌고 돈다. 바로 그 돌고 돎이 '움직임의 도'(道之動)이다. 그렇게 희로애락이 교차하며 엮어 가는 무늬들의 함께-흘러감을 우리는 자연(自然) 즉 self-so-ing이라 부른다. 슬프든 기쁘든 결국 삶은 나의 것이고, 다른 사람들의 시선에, 기대에 의존하지 않는다는 것을 『도덕경』은 '도', 즉 상도(常道)라는 표현 속에 담고 있다.

이런 문화적 상황 속에서 『도덕경』 1장의 '道可道非常道'(도가

도비상도)는 정녕 道(도)에 대한 유교의 획일적 이해를 해체하고, 삶의 길 혹은 도(道)가 어디를 가리키는지를 제대로 보아야 한다는 권면으로 읽혀진다. 진정한 도(道)란 천명으로 선포되어 주어지는 도가 아니라는 것, 오히려 진정한 도는 그러한 인위적 해석들을 비워낸 '없음'의 도 혹은 '빈탕'의 도라는 것을 텍스트는 가리킨다. 말하자면, 『도덕경』의 텍스트들 속에서 말하는 '도'는 어떤 고정되고 획일적인 혹은 실체적인 거대한 '도'라는 개념 자체를 거부한다고 말할 수 있다. 즉 다양한 여러 도들 배후에 실재적 근거를 부여하는 거대한 일자와 같은 것("One behind the many")으로서 도 개념을 텍스트는 거절한다는 말이다(Ames & Hall, 14). 자신이 이해하는 도를 '천명'(天命)으로 선포하고, 그것의 실현을 위해 정치가로 나서서 권력을 휘두르던 이들의 모습을 『도덕경』은 부정하는 것이다. 오히려 도가적 사유 속에서 우주(宇宙)란 "만물"(萬物, ten thousand things)이며, 이는 천명(天命)으로 통합되는 것이 아니라, 장자의 표현을 빌리자면, 만물제동(萬物齊同)의 사유, 즉 다수성의 사유로 나아간다. 그래서 도가적 사유 속에서 '도'는 서구의 '코스모스'(cosmos) 개념처럼 근원적 기원으로서 아르케(arche), 모든 것들의 근원적 법칙으로서 로고스(logos)나 근원적 규범으로서 '노모스'(nomos) 혹은 모든 것들의 근원적 목적으로서 '신성'(theios)과 같은 "하나의 일관되고 단일하게 질서화된 세계" 개념을 일체 거절한다(Ames & Hall, 14). 이런 의미에서 도가적 사유의 정수를 담고 있는 텍스트로서 『도덕경』은 서구적 코스모스에 반하는 "무질서적"(acosmotic) 사유를 보여준다고 에임스는 표현한다(Ames & Hall, 14). 유교적 맥락에서 이러한 도가적인 도의 이해는 유교적 천명 이해를 끊임없이 이탈하는 탈주의 사고를 전개한다고 볼 수 있다. 그래서 "도란 말로 표현될 수 없다"는 『도덕경』의 말들은 천명을 따라 입신양명을 꾀하며, 수기치인을 통해 '수신제가치국평천하'를 구현하려는 유교적 정치문화 질서 속에서 기득권과 집단 이데올로기의 허상을 해체하고, 결국 진정한 도란 천명에 맞추거나 자신을 희생한 도가 아니라, 자기 본연의 '언표불가능성'과 공백(the void) 속에서 찾아질 수 있음을 가리킨다. 이런 맥락에서 『도덕경』 17장은 정치적 지도력이란 존재감을 드러내는 것이 아니라 자연스럽게 모든 일이 이루어지도록 하고, 백성들이 그 지도자의 존재조차 의식하지 않는 사회를 그려주고 있다. 유교적 정치사회에 대한 비판의식을 노골적으로 보여주는 것이다. 그렇다면 『도덕경』이 문화적으로 수행한 해체의 기능은 해체를 위한 해체가 아니라, 기존의 권력과 이데올로기의 허상을 해체하고, '나'를 전적으로 새로운 평원에서 나만의 본연의 시각으로 구성하려는 노력을 의미한다.

　이렇게 『도덕경』을 이해한다면, 『도덕경』이라는 텍스트 속에

축적된 동북아의 수천 년 지혜가 문화적으로 어떤 기능을 수행하고 있는지 선명해진다. 동아시아 문화권은 노자의 사상으로부터 『도덕경』을 읽고 이해한 것이 아니라, 『도덕경』의 텍스트들을 문화적 상황과의 상호관계 속에서 자신들의 이해를 '노자'라는 가상의 인물에 투사하여 체계화해 왔다고 보는 것이 더 정확한 말이다. 다시 말해서 유교문화권 속에서 도(道)로 규정되는 천명(天命)의 의미를, 예를 들어 『도덕경』 40장의 반자(反者)의 의미에서 묻고, 기존의 이해와 상식을 뒤집어보는 것이 이 텍스트의 문화적 역할이었다. 실상 『도덕경』은 유교문화권의 예(禮)를 끊임없이 묻고 질문하며 반문하는 과정에서 의미를 풍성하게 창출하고 있었다. 그렇게 『도덕경』의 무위(無爲)는 유교적 예(禮), 즉 유교적 유위(有爲, doing)의 의미를 해체하고, 대안적 의미를 창출하기를 도모한다. 그래서 『도덕경』 38장은 '도를 잃는 것'(失道)은 '덕의 나타남'(後德)이고, '덕의 상실'이 인(仁)으로 나타나고, 인의 상실이 의(義)로 나타나고, 의(義)의 상실이 예(禮)로 나타난다고 언급하면서, 덕(德)이란 모습을 내세우거나 나타내지 않는 것임을 굳이 강조한다. 기존 편집본에서 덕(德) 장의 서문격인 38장에서 굳이 유교의 덕목을 언급하는 이유는 이 텍스트가 유교적 문화를 배경으로 하고 있다는 사실을 인지하지 않고서는 불가능할 것이다.

오늘날 『도덕경』을 다루는 많은 사상가들과 학자들의 작업이 '노자의 사상'을 묻는 것은 역사적 실존인물로서 노자의 생각과 의도를 묻는 것이라기보다는 오히려 우리의 상황 속에서 『도덕경』의 의미가 무엇인지를 묻고 답을 구하려는 노력에 가깝다. 한반도의 우리 민족은 역사적으로 수많은 위기와 위협의 시간들을 살아왔다. 현재도 한반도는 '공식적으로 전쟁 중'이다. 법률적으로 그렇다는 말이다. 그럼에도 불구하고, 이렇게 평화롭게 문명을 누리는 우리의 모습 속에는 어느 한 가르침이나 이데올로기에 휘둘리지 않고, 어떤 상황에서든 '각자도생'의 도를 찾아 삶을 실현해 나아가는 문화적 역량이 더 엿보이고 있다. 『도덕경』의 문화적 의미는 바로 여기에 있다고 할 수 있다. 『도덕경』의 지혜는 우리로 하여금 어떤 진보/보수의 이데올로기나 사람들의 서툰 조언들에 휘둘리지 말고, 그것들을 뒤집는 '반자'(反者)의 시각으로 재구성할 것을 제안한다.

5. 절대화된 하나님의 해체로서 한국 기독교인들의 『도덕경』 읽기

　『도덕경』과 기독교의 만남을 통해서, 『도덕경』이라는 텍스트가 담지한 독특한 '반자'(反者)의 해체적 기능을 또렷하게 볼 수 있는데, 서구의 기독교가 하나님이라는 이름으로 절대화하는 진리를 『도덕경』의 지혜는 주저 없이 뒤집는다. 이것이 『도덕경』의 문화전통 하에 살아왔던 한국인들이 기독교의 진리를 만나면서 겪는 진리체험이었다. 이 진리체험을 우리는 특별히 유영모의 사유와 그의 사유를 해설한 박영호 속에서 찾아 볼 수 있는데, 흥미롭게도 이 두 사상가는 『도덕경』에 대한 기독교적 해석을 전개한 바 있다. 하지만 현재 우리가 직접 접할 수 있는 텍스트는 유영모의 제자 박영호가 스승의 가르침을 자신의 언어로 정리한 텍스트뿐이다.

하지만 유영모가 직접 한글로 번역한 『도덕경』 원문은 전해지고 있어서, 유영모의 한글 번역과 박영호의 한글 번역 비교를 통해 『도덕경』이 한국 기독교의 진리 이해에서 감당하는 역할을 엿볼 수 있다. 이들은 『도덕경』의 눈으로 기독교의 메시지를 읽어내면서 한국적 기독교를 구상하고 있었고, 그 과정에서 『도덕경』의 메시지를 통해 기독교적 진리 혹은 복음의 해체와 재구성을 시도한다. 이를 통해 기독교는 동북아시아적 상황에 맞는 토착화된 기독교의 모습으로 변모하면서, 동시에 동북아시아적 문화유산에 접목된 기독교적 진리의 메시지를 통해 세계를 아우르려는 몸짓을 보인다.

유영모와 박영호의 이해를 살펴보기에 앞서, 『도덕경』을 이해하는 우리의 문화적 다양성을 잠시 다른 사람들의 번역을 통해 잠시 살펴보자. 우선 신현중과 김용옥과 함석헌의 번역들을 살펴본다.

1) 신현중 번역

도를 도라고 할 수 있을 때 그것은 벌써 길이 변함없는 도가 아니요,

이름을 이름이라 할 수 있을 때 그것은 벌써 길이 변함없는 이름이 아니어니 이름할 수 없는 것이 천지의 비롯이요, 이름 있는 것은 만물의 어미라,

그러므로 없음 그대로에서 오묘한 구석을 보고자 하고, 있음 그대로에서 만물의 가름을 보고자 하느니라.

이 둘은 같이 생겨나 이름만 다를 뿐 함께 일러 그윽함이라 하나니 그윽하고 또 그윽한 그것이 온갖 오묘한 것의 문이니라.*

---

* 신현중 역, 『국역 노자』(청비출판사, 1957), 3쪽.

2) 김용옥 번역

길을 길이라 말하면 늘 그러한 길이 아니다.

이름을 이름 지우면 늘 그러한 이름이 아니다.

이름이 없는 것을 하늘과 땅의 처음이라 하고 이름이 있는 것을
온갖 것의 어미라 한다.

그러므로 늘 바램이 없으면 그 묘함을 보고 늘 바램이 있으면 그
가생이를 본다.

이 둘은 같은 것이다. 사람의 앎으로 나와서 이름을 달리했을 뿐
이다.

그 같음을 가믈타고 한다. 가믈고 또 가믈토다!

뭇 묘함이 모두 그 문에서 나오는도다.*

3) 함석헌 번역

길 삼을 수 있으면 떳떳한 길 아니고,

이름할 수 있으면 떳떳한 이름 아니다.

---

* 김용옥 역, 『老子: 길과 얻음』(통나무, 1989), 13쪽.

이름 없음이 하늘 땅의 비롯,

이름 있음이 모든 것의 어미.

그러므로 늘 하고자 함 없어 그 묘를 보고,

늘 하고자 함 있어 그 끄트머리를 본다.

이 둘은 한 가지로 나와서 이름이 다르니

한 가지로 일러 까맘이다.

까만 것은 또 까만 것이 뭇 묘한 것의 문이다.

우선 신현중은 '상도'(常道)를 "길이 변함없는 도"라 하였고, 김용옥은 "늘 그러한 길"이라 하였으며, 함석헌은 "떳떳한 길"로 번역하였다. 따라서 신현중이 '상'을 '영원하고, 변함없는'이라는 의미로 해석한다면, 김용옥은 '일상 속에 임재한 도'라는 의미로 해석하였음을 보게 된다. 함석헌은 여기에서 진리를 떳떳함과 의연함의 맥락 속에서 해석하면서, 상도(常道)를 당당함과 떳떳함 속에 드러나는 것으로 본다.

아울러 무명천지지시(無名天地之始)에서도 신현중은 '무'(無)에서 구두하는 반면, 김용옥과 함석헌은 '무명'(無名)에서 구두하여 '이름없는 것' 또는 '이름 없음'으로 번역하였다. 아울러 신현중은 상무욕이관기묘(常無欲以觀其妙)에서도 '상무'(常無)로 구두하여 '없는 것이 천지의 비롯'이라고 번역한 반면, 김용옥과 함석헌은 '상무욕'(常無欲)에서 구두하여, '바램' 혹은 '하고자 함'으로 번역하였음을 볼 수 있다. 여기서 나의 관심은 이들의 다양한 해석이 담지한 의미를 채근하는 것이 아니라, 이들의 해석적 다양성이 『도덕경』 1장의 전통적 구두 문제의 맥락을 그대로 타고 있음을 지적하고, 그럼에도 불구하고 한글로 번역하면서 각자 다양한 의미를 실어 전달하고 있음을 지적하는 데 있다. 이 차이들은 유영모와 박영호의 번역에서도 교차하고 있는데, 이를 염두에 두고 둘의 한글 번역을 살펴보면, 아주 흥미로운 교차점들을 발견할 수 있다.

(1) 다석 유영모와 『도덕경』

다석 유영모에게 "노자"는 "없"(無)과 "빔"(空)의 힘과 의미를 알려준 텍스트였다.* 오산학교 재직 시절 단재 신채호와 시당 여준의 권유로 불경(佛經)과 『도덕경』을 읽게 되면서, "교회의 타율적인 근본주의적 바울로의 신앙에서 풀려나 교회를 멀리하는 자율적 신앙인이 되었다"고 박영호는 설명한다(박영호, 13). 다시 말해서 『도덕경』 읽기를 통해 다석은 "맹신의 신앙에서 자각의 신앙

---

* 박영호, 『노자와 다석: 다석 사상으로 다시 읽는 도덕경』(교양인, 2013), 13쪽.

으로 비약'한 셈이다(박영호, 13). 즉 『도덕경』은 유영모에게 근본주의적 기독교의 허상을 해체하는 길을 보여준 것이다. 그렇기에 유영모에게 『도덕경』이 암시하는 '말할 수 없는 도'는 어떤 실체적이거나 형이상학적인 개념의 도가 아니라, 그 무엇이든 기존의 도와 그 담론체계가 담지한 권력과 이데올로기를 해체하는 기능을 수행하는 '도라고 말할 수 있다.

유영모는 기독교를 진리를 소유한 종교로 보기보다는, 유불선 전통이 시간이 흐르고 제도화되면서 은폐하게 된 진리의 측면들을 다시금 드러내 보여주는 것으로 이해했다. 이는 다양한 종교 전통들은 '진리'의 측면들을 각각 드러내 주는 것들이며, 그래서 다른 종교란 나의 종교와는 다른 측면으로 진리를 조명하는 길 혹은 '도'(道)라 말할 수 있다. 그래서 유영모는 노자와 석가와 예수를 영적 스승들로 삼으며, 진리는 이들 속에 담긴 진리를 깨달은 얼나로 솟구치는 것으로 보았다. 진리는 그 자체로 고정된 어떤 것이라기보다는, 얼나로 솟구치는 깨달음을 통해 얻어지는 것이다. 그리고 이 깨우침은 심오한 공부나 훈련을 통해서만 얻어지는 것이 아니라, 바로 어린이의 깨달음과 같을 수도 있다. 어린아이와 같은 순수한 마음으로 순간적으로 진리를 깨우치는 '아하'의 순간일 것이다. 그렇기에 "얼나"는 '어린이'와 멀지 않다. 사회적 편견과 선입견을 통해 지식을 쌓아가기보다는, 순수한 자기의 영혼의 눈으로 실재를 볼 수 있는 눈을 어린이는 갖고 있기 때문이다. 그래서 '얼나'가 진리로 솟구칠 수 있는 것이다. 이 깨달음을 실천하는 것이 바로 덕(德)이다.

유영모는 『도덕경』을 통해 "없"(無)의 지혜와 통찰을, 불교를 통해 "빔"(空)의 지혜와 통찰을, 그리고 기독교의 「요한복음」을 통해 영(靈)의 지혜와 통찰을 깨달았다. 유영모는 이 지혜들을 자연 혹은 무극 혹은 박(樸)으로 간주하면서, 하느님을 "없이 계신" 분으로 전개한다(박영호, 16). 그래서 이 '없'으로 돌아감을 덕(德)이라 하고, 이 "없"과 더불어 살아가는 삶을 "빈탕한 데 맞춰 놀이"하는 것으로 풀이한다. 영(靈)이란 바로 '없'이 '빔'과 더불어 놀이하는 것, 그 놀이하는 삶이다. 명예와 권력, 이상 및 이념 등을 진리의 대체물로 삼으면서 추구하는 삶은 곧 진리란 '없', '빈탕', '놀이 정신'이라는 것을 망각함으로써 비롯된다. 이 망각으로부터 되돌아오는 것, 그것을 『도덕경』 40장은 "반자"(反者)로 표현한다고 유영모는 보았다. '반자'는 되돌아오는 것이면서, 동시에 기존의 망각을 구성하는 질서들에 반하여 뒤집고 해체하는 것을 동시에 의미할 것이다. 이는 역설적으로 우리 삶에서 우리가 약자가 되었을 때 이루어지기 쉬우며, 그래서 "反者"(반자)는 "몸 나에서 얼나로 거듭나는(反轉) 것"의 운동을, 약자(弱者)는 이상과 이데올로기로 충만하여 물(物)과 더불어 놀기보다는, 물(物)을 소유함으로써 집착하게 되는 우리의 마음이 약해지는 것, 그 약해짐으로 본래적 '나' 즉 얼나를 회복하는 것을 의미한다.(박영호, 22) 그래서 기독교의 바울은 '하나님은 없는 것들'(ta me onta)을 선택하여 '있는 것들'(ta onta)을 아무것도 아닌 것으로 만드신다고 선포한다(고전 1:28). 이것이 바로 기독교의 "회개"의 의미이다. 즉 '없'과 '빈탕'으로 돌아가는 것, '없는 것'(ta me onta)으로 돌아가는 것 말이다.

바로 여기서 『도덕경』이 담지한 문화적 지혜가 유영모의 기독교 이해에 매우 중요한 역할을 수행하는데, 그것은 바로 선교사들이나 일반 대중들이 이해하고 있던 기복주의적이거나 율법주의적인 하나님 이해를 넘어, 본연의 진리 이해로 솟아날 길을 열어주는 것이다. 빈탕한데 맞추어 놀이함을 통해, 다시 말해 마음과 몸 즉 "맘(心)과 몬(物)"의 놀이를 통해 얼로 나아가면서, 우리는 진리, 즉 삶의 길로 나아가, 진리와 동행하는 삶을 살아가는 것이다. 여기서 '동행'을 의미하는 영어의 company(컴퍼니)가 본래 '빵을 함께 나누는 사이'를 의미한다는 사실을 기억하자. 유영모는 반자와 약자의 인용을 통해 우리가 살아가는 삶의 헛된 구석들을 해체하고 본연의 길을 찾는데 관심이 있었지, 결코 그 '진리가 이것이다 저것이다'라고 규정하고 해석하는데 관심을 두지 않았다. 다시 말해서, 진리 즉 도를 '없는 자' 혹은 '약자'로 규정하는데 강조점을 둔 것이 아니라, 기존 세계의 질서 속에서 '없는 자'로 간주되는 자의 관점으로 실재를 보아야 진리가 체득될 수 있다는 사실을 역설한 것이다. 『도덕경』 1장의 의미가 그것이다. 즉 몬(物)과의 놀이를 통해 맘이 얼로 나아가지 않고 오히려 몬(物)에 집착하게 되면서 일어나는 삶의 허상을 해체하고자 한 것이다. 우리의 마음이 세상의 물질적인 것, 권력적인 것, 명성과 같은 것에 집착하여, '없'과 '빔'의 진리를 망각하게 될 때, 다시 말해서 몬(物)과 더불어 놀지 못하고 집착하게 될 경우, "맘 속의 얼나가 어두워지고" 빈탕한데 맞춰 노는 길을 잃어버리게 되는 것이다. 놀지 못하니, 삶의 재미를 상실한 삶 말이다.

(2) 유영모의 번역과 박영호의 번역 비교

다석 유영모와 박영호의 한글 번역은 『도덕경』 1장의 구두 문제를 서로 교차하고 있는데, 이러한 교차는 『도덕경』의 의미를 풍성하게 해 주면서, 아울러 신학적 해석들의 다양성을 더해주고 있다. 우선 양자의 번역을 살펴보자면,

〈유영모 번역〉

길 옳단 길이 늘 길 아니고 이를 만한 이름이 늘 이름이 아니다.

이름 없어서 하늘 땅이 비롯고 이름 있어서 잘몬의 어머니

므로 늘 하고잡 없어서 그 야믈ㅁ이 뵈고 늘 하고잡 있어서 그 돌

아감이 보인다.

이 둘은 한께 나와서 달리 이르니 한께 일러 감아, 감아 또 감암이.

뭇 야믈ㅁ의 오래러라

〈박영호 번역〉

말할 수 없는 참(얼)은 늘(영원한) 참이 아니다.

이름할 수 없는 님은 늘(영원한) 님이 아니다.

없음의 님(무극)이라 하늘과 땅(우주)의 비롯이고

있음의 님(태극)이라 온갖 것의 어머니다.

그러므로 언제나 하고픔(自我)이 없어져서 그 신비를 보고

언제나 하고픔이 있어서 그(별들의) 돎을 본다.

이 두 가지는 한 나옴(존재)인데 달리 이름 부름이라.

(無 · 有를) 함께 이르면 검님(하느님)이다.

아득하고 또 까마득하여 (遠大한)

뭇 오묘한 것이 나오는 문이다.

이상의 번역에서 우선 '도가도'(道可道)를 보면, 유영모는 "길 옳단 길" 즉 '사람들이 옳다고 말하는 길'로 번역하고 있는 반면, 박영호는 "말할 수 없는 참(얼)"로 번역한다. 아울러 무명천지지시

(無名天地之始)에서도 유영모는 '무명'(無名)으로 구두하여 "이름 없어서"라고 번역하고 있고, 박영호는 '무'(無)로 구두하여 "없음의 님(무극)"으로 번역하였다. 상무욕이관기묘(常無欲以觀其妙)에서는 양자 모두 '상무욕'(常無欲)으로 구두하고 있지만, 유영모는 이를 "늘 하고잡 없어서"라고 표현한 반면, 박영호는 "언제나 하고픔(自我)이 없어져서"라고 번역하면서 자아에 대한 그의 철학적 이해를 더한다. 이러한 해석적 차이들은 해석자들의 주관적이고 임의적인 차이가 아니라, 해석자 각자가 인지하는 문제의식의 차이로부터 비롯된다는 것을 지적한 바 있다.

오늘의 눈으로 바라볼 때, 박영호의 해석은 지나친 영/육 이원론으로 유영모의 해석을 희석하고 있는 것으로 보인다. 영/육 이원론은 인간중심적인 사유, 즉 인간의 고유성 혹은 본질을 언제나 정신 혹은 영으로 해석하고, 인간과 자연 혹은 인간과 물질 간의 존재론적 위계질서를 부여하는 탓에 기후변화와 생태위기 시대에 우리가 진정으로 극복해야 할 문제들 중 하나로 줄곧 지적되어 온 바, 유영모의 사유에 그러한 영/육 이원론의 견고한 구별을 덧붙이는 것이 부적절해 보인다. 물론 이러한 비판은 오늘을 살아가는 '나'의 문제의식으로부터의 비판이다.

박영호에 따르면, 유영모는 '나'를 몸의 나와 맘의 나에 더하여 "어버이로부터 받은 몸과 맘의 나를 합한 제나(自我)"로 보았는데, 이 제나는 "참나가 아닌 거짓나"이다(박영호, 37). 얼나로 솟구침이란 이 제나를 죽이고 얼나로 사는 것을 의미한다고 박영호는 주장한다. 이는 곧 얼나/제나의 이분법을 강하게 암시하는데, 이러한 이분법적 해석은 박영호가 유영모의 얼나를 "시간을 초월하여 영원한 생명이고, 공간을 초월하여 무한한 생명이고, 인간을 초월하여 신령한 생명"(박영호, 37)으로 해석하기 때문이다. 이는 유영모가 넘어섰던 서양/동양의 이분법이 다시 얼나/제나의 모습으로 박영호 안에서 재구성되는 모습이다. 유영모의 본래 텍스트를 박영호와 김흥호의 해석을 통해 접근할 수밖에 없는 상황에서, 박영호의 해석은 우리의 유영모 이해에 거의 절대적이다. 그럼에도 불구하고 박영호의 해석에 보이는 강한 이분법적 이해는 그의 유영모 해석이 절대적일 수 없음을 보여주는 한 예시가 된다.

예를 들어, 박영호가 번역하는 유영모의 『도덕경』 1장 번역을 통해 우리는 그러한 의구심을 확인해 볼 수 있다. 박영호는 유영모의 번역을 자신의 말로 번역하고 풀이하면서 '道可道非常道'(도가도비상도)를 이름할 수 있는 도와 이름할 수 없는 도로 이분법적으로 구별하고, 영원한 얼생명은 말이나 글로 이름을 통해 표현될 수 있는 것이 아니라고 주장한다. 하지만 박영호의 이러한 이분법적 해석은 유영모의 번역과 잘 들어맞지 않는다. 예를 들어, 유영모는 "길 옳단 길이 늘 길 아니고 이를만한 이름이 늘 이름이 아니다"라고 해석하는데, 이는 '길 옳단 길' 즉 남들이 옳다고 말하는 도가 '늘 도는 아니다'로 읽혀지지, 이름할 수 있는 도는 전적으로 틀렸다거나 잘못된 것이란 뉘앙스를 풍기지 않는다. 즉 유영모는 '이름할 수 있는 도'(道可道)와 '이름할 수 있는 이름'(名可名)이 절대적으로 "常道"(상도)와 "常名"(상명)에 미치지 못하는 거짓과 허위라고 말하는 것이 아니다. 그렇기에 이름 있음은 "잘못" 즉 만물의 어머니가 되는 것 아닌가.

　박영호의 『도덕경』 1장 번역은 이 "늘"을 "영원한"으로 보충 번역하면서, "말할 수 있는 참"은 "늘(영원한) 참이 아니다"라고 풀이한다. 이는 말할 수 있는 도와 말할 수 없는 도를 이분법적으로 구별하며, 절대화하는 효과를 갖는다. 즉 박영호의 번역과 풀이에서 말할 수 있는 도는 "늘 참이 아니다"라는 의미가 되어버린다는 말이다. 이렇게 '도'를 참/거짓의 이분법으로 보는 박영호와 달리, 유영모의 번역은 오히려 무/유, 이름/이름-없음의 구별 자체가 중요하지 않다는 것을 강조한다. 다시 말해서 옳다고 일컬어지는 '도' 혹은 '길'이 늘 길이 되는 것은 아니라는 것을 말하는 것이지, 결코 道可道(도가도)는 결코 영원한 常道(상도)가 될 수 없다고 말하는 것이 아니라는 말이다. 박영호의 이러한 오역은 바로 유영모의 '얼' 개념을 언제나 서구적 이분법의 틀 속에서 소위 "이중구속"(double bind)되어 해석하는 그의 성향으로부터 비롯된다.

유영모가 번역한 『도덕경』의 텍스트는 유/무의 이분법을 강조하지 않는다. 그래서 '무명'(無名)으로 구두하여 "이름 없어서"라고 표현하는 것이다. 하지만 박영호는 이 구절에서 "없음의 님(무극)"이라고 번역하면서 '무'(無)에 구두하여, 이를 명사화 혹은 실체화시켜 버린다. 이는 유영모의 번역과는 다른 의미를 전달한다. 오히려 유영모의 번역은 어떤 일체의 개념적 명사화나 실체화를 거절하고 있는 것처럼 보인다.

이러한 맥락에서 유/무 양자는 "함께 나오"거나 혹은 "같지만" 이름이 달리 불린다고 말한다(此兩者同出而異名). 같은 것이든 함께 나오는 것이든 노자의 텍스트는 이름할 수 있는 도와 영원한 도, 상무/상욕의 이분법을 말하는 것은 아니다. 박영호는 여기서 유영모의 해석을 따르는 듯하지만 그다음 구절 "동위지현현지우현"(同謂之玄玄之又玄)에서 "(有·無를) 함께 이르면 검님(하느님)이다"고 번역하면서, 이를 그저 "감아, 감아 또 감암이"로 번역한 유영모의 해석을 위반한다. 오히려 유영모의 해석은 '玄'(현)을 "감암이"로 번역하면서 40장의 '반자'(反者)의 의미를 더한다. 즉 모든 세상이 하얀 것이 옳다고 말할 때, 검은 것은 비존재로 망각되지만, 도의 움직임이 다시 한 번 '감기면' 세상이 검을 때가 온다.

즉 검음은 이런 '반자'의 맥락에서 돌고 도는 도의 움직임을 묘사하는 표현에 더 가깝게 읽힌다. 하지만 이를 박영호는 "검님(하느님)"으로 명사화하여 실체화하는 성향을 갖는다.

여기서 우리는 『도덕경』의 텍스트가 담지한 '해체적 역할'에 다시금 주목하게 된다. 박영호가 실체론적으로 이분화한 道可道(도가도)/常道(상도)의 이분법이 유영모의 번역을 통해 다시금 해체되는 효과 말이다. 다석 유영모의 기독교 혹은 종교 이해는 '기독교라 이름할 수 있는 기독교가 늘 기독교인 것은 아니다' 혹은 '기독교의 전부가 아니다'를 가리킨다. 이 해체 효과가 『도덕경』이 유교적 혹은 불교적 한국문화 속에서 수행해 온 중요한 문화적 기능이다. 사실 덕(德)을 쌓는 것은 곧 덕을 베풀고 내어주고 양보하는 것이다. 이 쌓으려면 내어주라는 역설적 메시지는 『도덕경』 텍스트 전체에 편만한 메시지이다. 그렇다면 우리는 유영모의 『도덕경』 해석을 이 틀 속에서 읽어내야지, 그 반대는 아닌 것이다. 즉 유영모가 도를 '없'과 '빈탕'으로 말하는 것은 『도덕경』 텍스트의 이 전체적인 '반자'(反者)의 흐름 속에서 말하는 것이지 결코 서구의 철학이나 신학에서처럼 이 '없'과 '빈탕'을 실체적으로 개념화하고자 함이 아니다. 그렇기에 이 운동을 '놀이'로 보고 있는 것이 아닌가? 따라서 '없'과 '빈탕'의 형이상학적 실체화는 적어도 유영모의 텍스트 안에는 없다. 이런 의미에서 '있음'

에 대립하는 '없음'을 강조하는 박영호의 해석은 스스로의 틀 속에 '이중구속'(double bind)되는 위험을 내포한다고 할 수 있다.

이를 오늘날 민주주의 시대를 살아가는 우리들에게 적용해 볼수 있지 않을까? '우리가 민주주의라 이름하는 민주주의가 민주주의의 전부는 아니다'로 말이다. 이런 맥락에서 우리는 『도덕경』 40장의 반자도지동(反者道之動)을 통상적으로 "근본으로 돌아가는 것이 도의 움직임"이라고 해석하는 대신, 기존의 것에 반(反)하는 것이 도의 근원적인 움직임 혹은 움직임의 도(道)라고 해석해 볼 수 있지 않을까? 다시 말해서 기존의 체제와 해석을 해체하고, 기존의 이분법에 이중구속되는 대신, 새로운 길을 그에 대립하는 혹은 저항하는 혹은 반대되는 관점에서 모색하고 구성해 보는 모습으로 말이다. 반복(反復), 즉 '이전의 것으로 되돌림'보다는 반복(反覆), 즉 기존의 것을 뒤집고 전복하는 것으로 반자(反者)를 읽어볼 가능성 말이다. 예를 들어, 에임스는 이 '반자'(反者)를 원래의 상태로 되돌아간다는 순환적 의미로보다는, 언제나 기존의 상태에 반하여 움직이는 나선형적 운동으로 보기를 제안하면서, 반자(反者)의 반대적 운동이 새로움으로 나아가는 기반이 되는 것으로 보기를 제안한다(Ames & Hall, 28). 그렇게 기존의 세력이 앙등한 가운데서 반대로의 움직임을 예측할 수 있을 때, 매 순간 최선의 가능성들을 최적화시켜 볼 수 있는 삶의 역량을 얻을 수 있다는 말이다. 그래서 "우리를 둘러싼 세계는 언제나 지속하는 것과 새로운 것의 '인터페이스'(interface)"이며 (Ames & Hall, 29), 일상적인 것이 새로운 것의 도입으로 낡은 것이 되고, 새로운 것은 다시 일상이 되고, 일상이 된 새로운 것은 이제 다시 돌아오는 것을 통해 그 역할을 다하고 물러나는 것, 바로 그것이 존재 과정의 모습이다.

6. 인류세 시대를 위한 텍스트로서 『도덕경』

이제 『도덕경』은 동아시아의 텍스트를 넘어 인류세(the Anthropocene)를 살아가는 우리 모두의 텍스트들 중 하나가 되었다. 특별히 기후변화와 생태위기 시대에 『도덕경』이 담고 있는 메시지는 새롭게 읽히고 있다. 예를 들어, 존재의 얽힘 (entanglement)에 대한 사유가 동아시아적 사유에는 담지되어 있으며, 이를 통해 만물은 변화 속에 있고, 상호간 영향을 미치며 서로 의존하고 있다는 사유가, 예를 들어 장자의 "물화"(物化) 개념 속에 담겨 있다.

이를 에임스와 홀은 20세기 철학자 화이트헤드의 사유와 접목하여 풀어낸다. 그들에 따르면, 도의 사유는 각 존재란 "과정적 사건들"(processual events)이며, 이 각각의 존재사건들은 서로에게 "삼투적"(porous)이어서 각 존재들은 서로가 영향을 주고받으며 상호의존하고 있고, 그렇기에 우리가 '경험'하는 모든 것들은, 좋은 쪽으로든 나쁜 쪽으로든, "계속적인 변혁"(ongoing transformation)을 향해 열려 있다는 사유를 보여준다(Ames & Hall, 15). 따라서 각각의 존재와 사물들은 자신들을 향한 고정되고 획일적인 정의나 규정을 거절하며, 오히려 각자가 자신의 존재를 위해 담지하는 "통전성"(integrity)이란 "다른 것들과 상호-창조적인 관계 속에서 전체성을 만들어가는 어떤 것"이다(Ames & Hall, 16). 따라서 '전체'란 각각의 사물과 존재를 포괄하는 담지자(container)로서 어떤 실체적인 것이 아니라, 오히려 각 사물들, 즉 만물의 '얽힘'(entanglement) 자체를 '전체'(whole)로 말할 수 있으며, 그 전체는 모든 존재하는 각 사물 안에 담겨 있다고 말할 수도 있다. 그리고 그 전체와 개별사물은 서로가 서로에게 영향을 미치며 함께 변화해 나아가기 때문에, 이 과정에서 발휘되는 '창조성'은 곧 "자기-창조성"(self-creativity)이면서 동시에 "공동-창조성"(co-creativity)이라 할 수 있다. 존재는, 전체가 되었든 개별사물이 되었든, 결국 "맥락적이고 교환적(transactional)이고 그리고 다층적(multidimensional)"인 '얽힘'(entanglement)이라 할 수 있다(Ames & Hall, 17).

인류세 시대를 향한 『도덕경』의 지혜는 지난 수십 년간 기후변화와 생태위기에 대한 계속된 경고들에도 불구하고 전혀 정치적인 영향력을 갖지 못했다. 그런데 우리는 『도덕경』이 본래 만인을 위한 텍스트가 아니라, 다스리는 자들을 위한 통치술을 담고 있는 텍스트임을 앞에서 인지한 바 있다. 그렇게 우리는 『도덕경』이 본래 당대의 정치 지도자(들)를 위한 가르침이라는 점을 유념하면서, 우리 시대를 위한 정치적 지혜를 찾아볼 수 있을 것이다. 그것은 예를 들어, 천하의 선/악과 미/추의 이분법을 따르지 말고,* 오히려 모든 구별은 반자(反者)의 움직이는 도에 있으니, 결국 유/무는 어느 것이 옳으냐의 문제가 아니라 함께 도는 이치라는 것,** 다스리는 자가 스스로를 드러내는 정치를 하면, 백성들이 사라질 것이니, 다스리는 자는 스스로를 드러내지 않는 정치 즉 무위(無爲)의 정치를 한다면, 사람들은 선을 행하고 아름다움을 드러내는 일을 하게 될 것이란 정치적 지혜를 『도덕경』은 담고 있다. 즉 정치 지도자가 "비움의 자리를 차지하면, 사람들이 충만 혹은 현존의 자리를 차지하게 된다"는 말이다(Mueller, 58).

더 나아가 49장은 '성인'은 자신의 마음이 없고 비어 있어, 그래서 백성의 마음을 자신의 빈 마음속에 채운다고 말한다. 이는

---

* 天下皆知美之爲美, 斯惡已. 皆知善之爲善, 斯不善已(『노자』 2장).
** 有無相生(『노자』 2장).

백성의 위에 서고자 하면, "스스로 말을 겸손하게 낮추어야 하고", 백성의 앞에 서고자 하면 "반드시 몸을 뒤로 한다"는 66장의 말과 맥락을 같이한다. 즉 지도자는 무위(無爲)로 행(爲)하고, 모습을 드러내기 보다는 비워냄(無)으로서 다스린다는 것이다. 그래서 무위(無爲) 즉 행하지 않으므로 실패함이 없고, 집착하지 않기 때문에 놓침이 없다.[*]

　무위(無爲)는 『도덕경』에서 반복되는 주제이다. 만일 이 책이 정치 지도자들을 위한 책이라면, '무위'는 실로 정치적인 전략으로서, 자연의 반자(反者)의 운동을 염두에 둔 "역전의 전략"(strategies of reversal)을 구사하는 정치 지도자라면 반드시 실천해야 하는 "가장 중요한" 정치적 전략이다(Mueller, 59; 61). 무위(無爲)를 실천함으로써, 정치 지도자는 사람들도 무위하도록 하는 것이 아니라 오히려 백성들이 스스로 "정치적 행위주체들"(political agents)이 되도록 독려하는 것이다(Mueller, 61). 하지만 그럼에도 불구하고, 『도덕경』은 오늘날 선거정치의 유권자들처럼 자신들의 정치적 이익들을 관철시키기 위해 실력행사를 감행하는 사람들이 되도록 결코 추동하지는 않는다. 이러한 모습은 도가적

* 是以聖人無爲故無敗. 無執故無失(『노자』 64장).

세계관에서, 특히 『도덕경』이 묘사하는 정치적 질서에서는 매우 "질색하는"(abhorrent) 것이다(Mueller, 62). 선거 정치는 사람들이 선한 행위를 나누며 평화로운 사회를 건설해 나가도록 만들기보다는 오히려 정치적 자유를 미명으로 사람들의 욕망을 추동하여, 민주주의를 욕망의 정치로 변질시키고 있다. 『도덕경』에서 정치 지도자의 무위(無爲)는 사람들로 하여금 선한 행위를 나누며 살아가도록 독려하는 것이지 그들의 이기적 욕망을 일깨워, 이를 정치적 권력으로 재구성하는 것이 결코 아니다. 성인이 정치적 권력을 가질 수 있는 자격은 "역설적으로" 그가 정치적 유능이나 개인적인 정치적 자질을 결여하고 있기 때문이다(Mueller, 62). 공동의 적을 거명하면서, 공동전선을 구축해 정치적 세력을 규합하는 칼 슈미트 식의 친구/적의 이분법적 정치는 결국 도의 '반자'(反者)의 움직임을 통해 대립적인 정치적 세력에 맞서야 하는 위험을 야기할 뿐임을 『도덕경』은 경고하는 것이다. 지도자가 자신의 정치적 입장과 이데올로기가 비어 있다면, 반대를 불러일으킬 여지도 없다. 정치적 갈등을 유발하면서 정치적 세 규합을 노리는 대신, 성인은 "다스리지 않음으로 다스림"(by governing without governing)을 펼친다(Mueller, 65).

더 나아가 『도덕경』의 성인의 정치는 인간의 이익이나 권리를 대변하는 정치가 아니라, "인간의 이익을 억제하고, 천지의 이익에 부합"하는 정치이다(Mueller, 73). 인간 존재와 그들의 권리에 초점을 맞춘 우리 시대의 민주주의가 정말 "절대적으로 선"한 정치를 구현하고 있는가를 물어볼 때, 우리는 인류세 시대에 인간이 천지에 미친 영향력이 무척이나 부정적이며, 또한 인권에 기반한 정치의 패러다임은 동식물 및 유기체들의 번성을 정치적으로 전혀 고려하지 못하고 있음을 보게 된다(Mueller, 72). 우리의 '녹색정치'는 여전히 선거권을 갖고 있는 유권자들에 기반하고 있어서, 이러한 정치 패러다임을 전환시키는데 실패하고 있기도 하다(Mueller, 73). 심지어 인권에 기반한 정치 패러다임 하에서도 우리는 여전히 많은 사람들이 시민권을 갖고 있지 못하다는 이유로 정치의 영역에서 배제되어 있음을 본다(Mueller, 73).

이 "너무나도-인간적인"(all-too-human) 정치의 문제를 해결하는 길은, 적어도 『도덕경』의 관점에서, "정치를 '탈인간화'(dehumanize)하는 것"이다(Mueller, 75). 정치적 행위(爲)가 문제가 되는 것은—그것이 아무리 고귀한 목적성을 담지하고 있다고 하더라도—결국 인간의 욕망의 산물이기 때문이다. 그리고 그 욕망은 결국 목적의 달성을 위해 무력적인 수단들을 동원하게 되고, 그 가장 나쁜 시나리오가 『도덕경』의 관점에서는 '전쟁'이다. 정치의 목적이 세상에 '도'를 세우는 것이라면, 이 도(道)는 그 어떤 인간적 목적이나 욕망을 넘어서 있는 것으로서, 따라서 도를 세우는 정치란 곧 정치를 '탈인간화'(dehumanization)하는 것이다. 도가에서 말하는 성인이란 인간세의 동반자처럼 보이긴 하지만, 궁극적으로는 사람들의 동반자라기보다는 "하늘의 동반자(companions)"이다(Mueller, 133). 즉 도의 사람은 '천지와 함께 걸어가는 사람들'이지 결코 사람들과 어울려 휘둘리는 사람들이 아니라는 말이다. 바로 이런 의미에서 도(道)란 곧 인간의 의미와 목적들을 탈인간화(dehumanize)하는 것이다.

하지만 이 『도덕경』의 성인들이 추구하는 '탈인간화'는 결코 인간을 뛰어넘는 초인, 즉 "over-man"이 되는 것이 아니라, 인간의 기준보다 낮게 머무는 "하인"(下人, "under-man")이라는 점에서 트랜스휴머니즘의 '초인'과는 전혀 다르다(Mueller, 135). 이는, 『도덕경』 5장이 말하듯, 천지(天地)는 인간적이지 않으며, 따라서 성인도 인간적이지 않다는 말과 같은 맥락이다(天地不仁 … 聖人不仁). 즉 성인은 인간다움을 추구하는 것이 아니라, 천지의 도 혹은 "천지의 태도"를 따른다는 말이다(Mueller, 135). 자연("the self-so")은 인간적 목적과 이상에 무심하다(indifferent; Mueller, 139).

지금까지의 논의를 정리해 보면 다음과 같다.

이 장은 『도덕경』이 한국인의 텍스트라는 주장으로부터 시작했다. 이는 내가 살아가는 구체적인 바로 지금 여기의 문제의식으로부터 텍스트를 주체적으로 읽어야 한다는 제안이다. 우리의 문제의식은 당연하게 주어지지 않는다. 왜냐하면 시대의 체제는 언제나 문제를 은폐하고 우리의 주의를 다른 곳으로 돌리려 하기 때문이다. 그렇기에 텍스트 읽기는 현실로부터의 도피가 아니라, 권력이 현실에서 은폐한 문제를 저항 없이 들추어낼 수 있는 핵심적 투쟁이자, '반자'(反者)의 움직임이며 '도'이다. 문자 그대로 읽으면 '반자'는 '되돌아간다'는 뜻이 아니라 '반대한다'는 뜻이 아닌가. 하지만 인류세 시대 모든 곳이 이미 지구촌화된 세상에서 '한국'은 더 이상 지리적으로 한반도에 국한된 장소를 단순히 가리키는 것이 아니라, 그 지역성(locality)에서 세계로 연결된 지구성(globality)을 동시에 함의한다. 따라서 한국적 문제의식이 지구의 문제를 품을 수 있어야 하고, 또한 지구적 의식이란 언제나 자신이 구체적으로 터한 시공간의 자리(독일어의 da 혹은 영어의 t/here)를 품고 말해져야 한다. 이 장(章)은 그러한 맥락에서 여전히 많은 성찰이 필요한 글이지만, 그럼에도 불구하고 『도덕경』이라는 텍스트를 한국의 문화적 반자(反者) 속에서 찾아보았다.

참고문헌

인간의 조건으로서의 자연 / 조성환

최진석,『노자의 목소리로 듣는 도덕경』, 소나무, 2001.

노자 지음, 김학목 옮김,『노자 도덕경과 왕필의 주』, 홍익출판사, 2019.

조성환,〈인류세 시대 노자『도덕경』〉,《월간 공공정책》199호, 2022년 5월.

Ziporyn, Brook. *Beyond Oneness and Difference : Li and Coherence in Chinese Buddhist Thought and Its Antecedents*, Albany: State University of New York Press, 2013.

성인은 자기가 없다 / 조성환

김경묵 · 조성환,〈창조적 비움을 디자인하는 무인양품〉,《DBR(동아비즈니스리뷰)》258호, 2018년 10월 Issue 1.

법정,『한 사람은 모두를 모두는 한 사람을』, 문학의숲, 2009.

조성환,「중국적 사상형태로서의 교敎」,『철학사상』11 · 12집, 2007.

조성환,〈허무와 공공성〉,《월간 공공정책》150호, 2018년 4월호.

조성환,『키워드로 읽는 한국철학』, 모시는사람들, 2022.

하라 켄야 지음, 민병걸 옮김,『디자인의 디자인』, 안그라픽스, 2017,

Ziporyn, Brook. *Ironies of Oneness and Difference : Coherence in Early Chinese Thought*, Albany: State University of New York Press, 2013.

옌푸, 노장을 현대화하다 / 김현주

J. S. Mill 著, 嚴復譯,『群己權界論』, 上海: 商務印書館, 1903.

Mill, J. S. (1859), "On liberty" in J. M. Robson (Ed.), *Collected Works of John Stuart Mill* (Vol. XVIII), Toronto: University Press, 1977.

Montesquieu, *The Spirit of Laws*, translated by Thomas Nugent, Kitchener, Ont.: Batoche, 2001.

김현주, 「중국특색 자유주의의 탄생: 중국 근대 전통을 둘러싼 전반서화파(全般西化派)의 입장변화를 중심으로」, 『인문사회 21』 8권4호, 2017.

老子, 『老子』, 上海: 中華書局, 2014.

史華玆, 『尋求富强: 嚴復與西方』, 南京: 江蘇人民出版社, 1989.

徐强·李容, 「國外漢學界關於楊朱利己主義或個人主義的相關研究」, 『長江叢刊』, 2016.

唐梵淩, 「楊朱的個人本位思想及倫理原則」, 『陰山學刊』 第2期, 2017.

嚴復, 『嚴復集』, 上海: 中華書局, 1986.

嚴復, 「教授新法」, 『嚴復集補編』, 福州: 福州人民出版社, 2004.

王海明, 「個人主義辨析─楊朱, 莊子, 尼采, 海德格爾, 薩特倫理觀之比較」, 『首都師範大學學報: 社會科學版』 第1期, 1990.

皮後鋒·匡亞明 主編, 『嚴復評傳』, 南京: 南京大學出版社, 2006.

신이 된 노자, 경전이 된 『도덕경』 / 한승훈

구보 노리타다, 최준식 옮김, 『도교사』, 분도출판사, 1990.

김윤경, 『한국도교사』, 문사철, 2022.

모종감, 이봉호 옮김, 『중국 도교사』, 예문서원, 2015.

쫑자오펑, 이봉호·신진식·최재호 옮김, 『도교사전』, 파라아카데미, 2018.

노자로 보는 한국사상: 『도덕경』의 문화신학적 역할 / 박일준

김시천, 『철학에서 이야기로-우리 시대의 노장읽기』, 책세상, 2004.

김용옥, 『老子: 길과 얻음』, 통나무, 1989.

김홍경, 『노자: 삶의 기술, 늙은이의 노래』, 도서출판 들녘, 2003.

박영호, 『노자와 다석: 다석 사상으로 다시 읽는 도덕경』, 교양인, 2013.

신현중, 『국역 노자』, 청비출판사, 1957.

이강수,『노자와 장자: 무위와 소요의 철학』, 도서출판 길, 2002.

조민환,『노장 철학으로 동아시아 문화를 읽는다: "있음은 없음에서 나온다"』, 한길사, 2003.

한스-게오르크 뮐러 지음, 김경희 옮김, 『『도덕경』의 철학』, 이학사, 2021

Ames, Roger T. & Hall, David L. trans. with comments., *Daodejing "Making This Life Significant": A Philosophical Translation*. New York: Ballantine Books, 2003.

Haraway, Donna. *Staying with the Trouble: Making Kin in the Chthulucene*. Durham: Duke University Press, 2016.

Barad, Karen. *Meeting the Universe Halfway: Quantum Physics and the Entanglement of Matter and Meaning*. Durham: Duke University Press, 2007.

Moeller, Hans-Georg. *The Philosophy of Daodejing*. New York: Columbia University Press, 2006.

찾아보기